西 南 财 经 大 学 人 口 研 究 成 果
交叉科学技术驱动的数字经济重点实验室
成 都 市 人 口 与 发 展 研 究 中 心 ｜资助出版
四川省统计局—西南财经大学四川省人口与发展数据实验室

成都老年人口发展报告

Report of the Development on Older
Population in Chengdu

徐茅娣　倪诗蓓　等著
刘　芹　刘曼冬

西南财经大学出版社
中国·成都

图书在版编目(CIP)数据

成都老年人口发展报告/徐茅娣等著.--成都:
西南财经大学出版社,2024.12.--ISBN 978-7-5504-6500-8

Ⅰ.C924.257.11

中国国家版本馆 CIP 数据核字第 2024N2C588 号

成都老年人口发展报告
CHENGDU LAONIAN RENKOU FAZHAN BAOGAO

徐茅娣　倪诗蓓　刘　芹　刘曼冬　等著

策划编辑:何春梅
责任编辑:肖　翀
助理编辑:徐文佳
责任校对:邓嘉玲
封面设计:墨创文化
责任印制:朱曼丽

出版发行	西南财经大学出版社(四川省成都市光华村街55号)
网　址	http://cbs.swufe.edu.cn
电子邮件	bookcj@swufe.edu.cn
邮政编码	610074
电　话	028-87353785
照　排	四川胜翔数码印务设计有限公司
印　刷	四川五洲彩印有限责任公司
成品尺寸	170 mm×240 mm
印　张	13.75
字　数	211 千字
版　次	2024 年 12 月第 1 版
印　次	2024 年 12 月第 1 次印刷
书　号	ISBN 978-7-5504-6500-8
定　价	78.00 元

全部作者包括（按照姓氏拼音首字母升序排列）：

陈 玥　李 克　刘曼冬　刘 芹

罗 颖　倪诗蓓　王陆璐　徐茅娣

杨子奇　查肖月　翟 茜　周文梅

前　言

人口问题是新时代中国社会经济发展必须面对的基础性、全局性和战略性问题。人口老龄化是社会发展的重要趋势，是人类医学文明进步的体现，也是今后较长一段时期我国的基本国情。人口老龄化对经济运行全领域、社会建设各环节、社会文化多方面乃至国家综合实力和国际竞争力，都具有深远影响，挑战与机遇并存。

我国 60 周岁及以上人口已接近 2.96 亿，人口老龄化程度不断加深。为使与社会主义现代化强国相适应的人口老龄化应对体系早日成熟完备，未来若干年仍是我国积极应对人口老龄化需要把握的重要窗口期，完善以应对老龄化、少子化为重点的人口发展战略，大力发展老龄事业和养老服务产业，健全覆盖全人群、全生命周期的人口服务体系，促进人口高质量发展，依然任重而道远。

调查研究是谋事之基、成事之道，没有调查就没有发言权。只有基于详实的数据分析，才能对老年人口的基本现状和变动趋势有充分而深入的了解，并为政策制定提供合理依据。基于上述背景，本书综合利用人口普查数据和抽样调查数据，对成都市老年人口的健康状况、经济状况、家庭与代际关系、社会参与、养老安排与公共服务利用等诸多方面进行了展示和分析。通过深度剖析成都老年人口基本现状，本书力图为体现西部地区人口老龄化的典型特征与发展路径提供参考，并为推动老年人口高质量发展相关政策的制定提供依据。

本书是集体工作的结果。第一章引言由徐茅娣、周文梅共同撰写。第二章至第八章为实证分析章节，作者们共同承担了数据分析和写作工作。其中，第二章由徐茅娣、李克完成；第三章由刘芹、查肖月完成；第四章由徐茅娣、翟茜完成；第五章由倪诗蓓、陈玥完成；第六章由刘曼冬、杨子奇和周文梅完成；第七章由刘曼冬、杨子奇和罗颖完成；第八章由刘曼冬、王陆璐和罗颖完成。第九章是对全书的总结，由刘芹、倪诗蓓共同撰写。在本书基础上，西南财经大学人口研究团队将持续关注我国西部地区人口老龄化和老龄事业发展态势，并继续产出更多老龄研究成果。

本书的研究范围为成都 20 个区（市、县），书名、章节标题和部分内容表述为"成都"，其他表述为"成都市"与表述为"成都"的研究范围一致。本书的主要数据来源是第七次全国人口普查四川省数据以及成都市老龄社会追踪调查数据。前者由四川省统计局与西南财经大学合作共建的四川省人口与发展数据实验室提供，在此感谢四川省统计局的工作付出。后者主要由本书作者团队进行收集：西南财经大学人口研究所杨成钢教授、王学义教授、张俊良教授、杨帆教授、卢冲副教授在调研设计、统筹协调、经费支持等诸多方面投入了宝贵时间与精力；成都理工大学卢继宏、白秀银、李轶老师参与了部分学生访员的招募和组织工作；西南财经大学社会发展研究院领导和部分师生对调研工作提供了帮助和支持。在此，本书作者团队对他们致以深深的感谢。最后，感谢参与调研工作的社区工作者、学生访员和每位受访者，数据收集工作离不开每一位个体的理解和支持。

本书难免存在疏漏和不足，还望读者指正。

本书作者团队

2024 年 8 月

目　录

第一章 引言

第一节 研究背景

本书的主要目的是对成都市老年人口的基本现状及人口老龄化的发展趋势进行深入的剖析。为此，本章先对人口老龄化的基本概念和衡量指标进行简单说明，并对我国人口老龄化的整体形势，以及成都市人口老龄化的基本特征进行介绍。此外，为了使读者更全面地了解成都市的相关情境和政策，本章对成都市老龄事业的整体发展情况进行了简要概括。在上述背景的基础上，本章介绍了本书所用数据的基本情况和写作安排。

一、人口老龄化的概念

人口老龄化是一个全球性议题，并可能成为 21 世纪最重要的社会趋势之一。当一个国家或地区 60 岁及以上老年人口占人口总数达到 10%，或 65 岁及以上老年人口占人口总数达到 7%，即意味着这个国家或地区的人口处于老龄化社会（Picher，1956）。世界人口正步入老龄化阶段，世界上几乎每个国家的老龄人口的数量和比重都正在增加；全球范围内 65 岁及以上人口占比已于 2002 年超过 7%，并于 2022 年达到 9.7%，预计到 2030 年和 2050 年分别达到 11.7% 和 16.4%（联合国，2022）。

老年人口系数，即老年人口在总人口中所占比重，是衡量人口老龄化社会的基本标准之一。随着老龄化程度在世界范围内的加深，衡量老龄化

1

社会的标准进一步细化，目前更多地参考 65 岁及以上人口占总人口的比重；当这一比重分别超过 7%、14% 和 20%（或 21%）时，意味着一个国家或地区分别进入老龄化社会（ageing society）、深度老龄化社会（aged society）和超老龄化社会（super-aged society）①。

在衡量一个国家的人口老龄化程度时，除老年人口系数是重要的衡量标准外，老年人口规模（即老年人口的绝对数量）也是重要参考。根据联合国历次《世界人口展望》结果，仅从老年人口系数来看，到 2050 年，全球老龄化水平最高的地区仍然是欧洲，老龄人口占比估计达到 34.2%。亚洲的老龄化水平为 24.6%，仅高于非洲（8.9%）和大洋洲（23.3%）。但亚洲整体老龄化迅速，预计至 2050 年，老年人口系数将升至 24.6%。至 21 世纪中叶，亚洲 65 岁及以上人口将达到 10 亿，占世界老年人口的六成左右。

老年人口抚养比（或老年抚养系数）也是反映人口老龄化形势的重要指标。人口抚养比是非劳动年龄人口与劳动年龄人口之比，该指标大致度量劳动力人均负担的赡养非劳动力人口的数量。通常将劳动年龄人口定义为 15~64 岁，老年人口为 65 岁及以上，少年儿童人口为 0~14 岁。其中，老年人口抚养比是 65 岁及以上人口数与劳动年龄人口数的比值，少年儿童人口抚养比是少年儿童人口数与劳动年龄人口数的比值，二者共同构成人口抚养比。随着人口老龄化形势的加剧，全世界范围内老年抚养负担正逐渐加重。此外，人口年龄中位数（人口集团年龄序列的中间值，用于衡量人口的老龄化或年轻化方向）、老少比（总人口中老年人口数与少儿人口数的比值）等指标也能够反映人口老龄化形势。

一方面，人口老龄化是人类现代化进程的必然结果。另一方面，许多社会领域都受到人口老龄化的影响，包括劳动力和金融市场，对住房、交通和社会保障等商品和服务的需求，家庭结构和代际关系。未来几十年，为适应与日俱增的老年人口，许多国家将可能面临与公共保健体系、养老金和社会保障相关的财政和政治压力。包括中国在内的一系列亚洲国家，

---

① 对于三个阶段，学界有着不同的翻译，例如轻度、中度和深度老龄化社会；老龄化社会、老龄社会和深度老龄社会（陆杰华、刘芹，2021；杜鹏、刘维林，2024）。

由于老年人口规模大、老龄化发展迅速，可能面临更为艰巨的挑战。

二、我国人口老龄化发展形势

人口老龄化是今后较长一段时期我国的基本国情。20 世纪末，我国 60 岁及以上和 65 岁及以上老年人口占总人口的比重分别达到 10% 和 7%，意味着我国迈入老龄化社会。根据表 1-1 和表 1-2，2000—2020 年，我国老年人口规模和老年人口系数稳步增长，老龄化程度稳步提升。2020 年年底，我国 60 岁及以上老年人口超过 2.6 亿，占总人口的 18.7%；其中 65 岁及以上老年人口超过 1.9 亿，占总人口的 13.5%，已接近老龄社会的标准；根据国民经济和社会发展统计公报的推算，2021 年年末，65 岁及以上人口占比达 14.2%，意味着我国已迈入老龄社会。当前，人口老龄化仍处于加速发展阶段，2023 年年末，我国 60 岁及以上人口达 2.96 亿人，占全国人口的 21.1%；其中 65 岁及以上人口达 2.16 亿人，占全国人口的 15.4%。

表 1-1　中国老年人口规模　　　　单位：万人

	2000 年	2010 年	2020 年	2021 年	2022 年	2023 年
总人口	124 261	133 281	141 177	141 260	141 175	140 967
60 岁及以上	12 997	17 917	26 401	26 736	28 004	29 697
65 岁及以上	8 827	12 050	19 063	20 056	20 978	21 676

数据来源：2000 年、2010 年和 2020 年数据来自历次人口普查公报，2021 年、2022 年和 2023 年数据来自历年国民经济和社会发展统计公报。

表 1-2　中国老年人口系数　　　　单位：%

	2000 年	2010 年	2020 年	2021 年	2022 年	2023 年
60 岁及以上	10.46	13.44	18.7	18.9	19.8	21.1
65 岁及以上	7.10	9.04	13.5	14.2	14.9	15.4

数据来源：2000 年、2010 年和 2020 年数据来自历次人口普查公报，2021 年、2022 年和 2023 年数据来自历年国民经济和社会发展统计公报。

我国的人口老龄化形势呈现出若干特征。一是老年人口绝对规模大。

中国是世界上老年人口规模最大的国家之一，目前，60 岁及以上老年人口接近 3 亿，预计到 21 世纪中叶，老年人口峰值将接近 5 亿。

二是人口老龄化呈加速发展趋势。表 1-3 显示了多个国家 60 岁及以上人口占比从 10% 提高到 20%，65 岁及以上人口占比从 7% 提高到 14% 所用年限，上述两个指标常用于衡量人口老龄化的发展速度。和大多数国家相比，中国老年人口占比倍增时间较为短暂，例如，法国的 60 岁及以上和 65 岁及以上人口翻倍时间分别是 114 年和 78 年，而中国的翻倍时间在 25 年左右。考虑到经济与社会保障体系的发展水平等因素，相对于西方发达国家而言，包括中国在内的一系列亚洲国家面临的共同挑战是应对人口老龄化社会的准备时间较短，呈现"慢富快老"的局面。

三是 80 岁及以上高龄老人占比逐渐提高。第七次全国人口普查数据显示，60~69 岁的低龄老人在老年人口中的占比仍超过一半，但预计 2020—2050 年，高龄老人数量将从 3 580 万上升到 1.5 亿左右，在老年人口中占比从 13.56% 上升到 30% 左右。老年人口高龄化将给医疗卫生服务体系和老年照护服务体系带来较大挑战，用于老年人养老、医疗、照料等方面的费用占 GDP 的比重也将提高。

四是人口老龄化的空间异质性（林宝，2021；陆杰华、刘芹，2021）。从省际差异来看，2020 年，除西藏以外各省级行政区都已进入老龄化社会，人口老龄化水平整体呈东高西低、北高南低的分布，其中东三省和川渝地区的人口老龄化程度最高。从城乡差异来看，我国人口老龄化水平呈现"城乡倒置"的情况，农村地区人口老龄化水平更高而相关社会服务水平更低，人口老龄化挑战更为严峻。

表 1-3　老年人口占比倍增年限

国别	10%~20%（60 岁及以上）	所需年限	7%~14%（65 岁及以上）	所需年限
中国	1999—2024	25	2000—2024	24
日本	1966—1995	29	1970—1995	25
美国	1937—2015	78	1944—2014	70
法国	1850—1994	144	1865—1990	125

表1-3(续)

国别	10%~20% (60岁及以上)	所需年限	7%~14% (65岁及以上)	所需年限
俄罗斯	1964—2015	51	1967—2016	49
意大利	1911—1988	77	1921—1988	67

数据来源:联合国(2015)以及作者基于全国人口变动情况抽样调查数据推算结果。

　　出生、死亡与迁移是影响人口结构变动的三个基础方面;人口老龄化现象的基本成因也与之紧密相关,而一国的具体国情和人口政策则塑造了该国人口老龄化的独特形势。人口老龄化的成因之一是生育率下降。随着社会经济的发展和教育水平的提高,生育观念改变、生育意愿降低,各国普遍出现了生育率的持续下降。在我国,除了这一普遍因素,计划生育政策也加速了生育率的下降。成因之二是平均预期寿命延长。建国以来,医疗技术进步、公共卫生服务水平大幅提升,我国人均预期寿命显著提高。上述两个因素的结合,使得老年人口规模稳定扩大。成因之三是人口迁移流动。在国际范围内,国际移民对多个国家的人口趋势起到重要作用。在我国范围内,人口迁移流动对人口老龄化形势产生重要影响。随着经济发展和城镇化进程的加快,大量年轻劳动力出于工作就业或个人提升等原因流动到城镇地区、经济发达地区,农村地区人口老龄化形势加剧并形成"城乡倒置"局面。

　　人口是国家发展的基础性、长期性和战略性要素。党的二十大报告深刻阐释了中国式现代化理论,指出中国式现代化是人口规模巨大的现代化。在人口规模巨大与人口结构快速老龄化(原新,2022)、区域人口增减分化等时代背景下,人口发展的机遇与挑战并存。人口老龄化程度的不断加深,可能会加重社会保障体系负担(胡芳 等,2024)、加深各类社会关系的矛盾(张诚 等,2024),并在客观上要求更高水平的基层治理水平(李飚 等,2024)及政策法律体系的进一步完善(范进学 等,2024)。深入理解人口老龄化形势,有助于推动人口高质量发展与中国式现代化建设,对于发掘"长寿红利"(杨菊华,2024)、推动教育体制改革(张苏 等,2024)、提升医疗技术水平(英洁 等,2024)、优化升级产业结构(巩茜颖,2024)、破除传统老龄化观念误区(彭希哲 等,2024)、发展银

5

发经济（彭希哲 等，2022）、完善养老服务体系建设（施文凯 等，2024）等具有重要意义（原新 等，2022）。

改革开放以来，我国老龄事业有了较快发展。1994 年 12 月，国家计委、民政部等部门联合制定了《中国老龄工作七年发展纲要（1994—2000年）》；1999 年 10 月，党中央、国务院决定成立全国老龄工作委员会；2000 年 8 月，党中央、国务院又下发了《关于加强老龄工作的决定》，有力地推动了我国老龄事业的发展。进入新世纪以来，从"十五"到"十四五"规划期间，老龄事业和和养老服务体系建设形成独立规划文件，发展方针不断细化完善，全面落实"老有所养、老有所医、老有所教、老有所学、老有所为、老有所乐"的老龄工作目标，把老龄事业推向全面发展的新阶段。

三、成都市老龄事业发展现状

成都市是西部地区的典型超大城市之一。成都市已进入老龄化社会，并正向深度老龄化社会发展。第七次全国人口普查数据显示，成都市常住人口 2 093.7 万人中，60 岁及以上人口达 376.4 万人，占本市常住人口的17.98%；其中 65 岁及以上人口为 285.1 万人，占本市常住人口的13.62%。一方面，面积广大的西部地区仍是人口净流出地区，四川省是西部地区的劳务输出大省，成都市作为西部地区的重要城市，其人口老龄化形势或可体现出西部地区人口老龄化的典型特征与发展路径。另一方面，作为四川省省会城市，成渝双城经济圈的两级之一，成都市极具人口集聚特征，对周边地区人口形成虹吸。四川省内部各市州人口老龄化形势的差异，实际上是全国人口老龄化空间异质性的一个缩影。因此，剖析成都市的人口老龄化发展形势具有"一叶知秋"的意义。

自党中央、国务院提出老龄工作指导方针以来，四川省结合本省实际情况，制定一系列具体发展规划，以"十一五"期间出台的《四川省老龄事业发展"十一五"规划》和《四川省人民政府关于进一步加强老龄工作的意见》为契机，不断提升养老服务质量和扩大覆盖范围。2020 年，《四川省人民政府办公厅关于推进四川养老服务发展的实施意见》明确指出，要力争将四川打造成西部养老服务高地、全国养老服务示范省，在保障人人享有基本养老服务的基础上，全面建立居家社区机构相协调、医养康养相结合的养老服务体系，有效满足老年人多层次、多样化养老服务需求，显著提高老年人及其子女获得感、幸福感、安全感。

作为四川省省会城市，成都市积极响应落实国家和省级政策，展现出在养老服务领域的领先地位和创新精神。成都市不仅在政策制定上紧跟全国和四川省步伐，还在实施过程中展现出地方特色和灵活性。2015年，成都市成立养老服务业发展领导小组，专门负责贯彻落实各级政府关于养老服务业发展的决策部署，加强了对养老服务工作的组织领导。进入"十四五"时期，成都市制定了《成都市"十四五"养老服务业发展规划》，明确了2025年实现养老服务质量显著提升的发展指标，在养老服务设施建设、社区养老服务、居家养老服务、老年人权益保障、人才队伍建设、老年人健康促进、政策法规体系建设等方面提出了有力举措以应对人口老龄化挑战，并强调持续推动智慧养老和养老服务产业链的发展，发挥"天府之国"的优势，充分实现从"养老"到"享老"的发展。

《成都市2022年老年人口信息和老龄事业发展状况报告》显示，成都市老龄事业发展水平稳步提升，并在养老服务体系建设、丰富健康养老服务内容、开展社区老年宣教和创建老年友好社会方面取得了如下进展。

一是完善养老服务体系建设，优化特殊人群民生保障。截至2022年年底，成都市有597家养老机构、97个社区养老服务综合体、2 754个城乡社区日间照料中心、549个老年助餐服务点。指导区（市、县）建成5 846张家庭照护床位、开展居家上门服务47万人次。截至2022年年底，全市参加基本养老保险人数1 698.94万人，其中参加城镇职工基本养老保险人数1 386.15万人、参加城乡居民基本养老保险人数312.79万人；全市共350.86万人领取基本养老金，其中城镇职工基本养老保险离退休人员232万人、城乡居民基本养老保险领取待遇人员118.86万人；对达到待遇领取年龄的低保对象、特困人员、重度残疾人等缴费困难群体实现基本养老保险待遇全覆盖。

二是丰富健康养老服务内容，营造老年友善医疗氛围。2022年，成都市参加城镇职工基本医疗保险退休人员217.99万人，参加城乡居民基本医疗保险的老年人137.52万人。截至2022年年底，成都市累计投入长期护理保险财政补助资金6.57亿元，全市长期护理保险累计受理失能评估11.27万人，通过评估并享受待遇8.85万人。截至2022年年底，成都市有医养结合机构133家，其中105家已列为市级医保定点机构；医养结合机构床位总数29 057张（医疗床位12 835张，养老床位16 222张）。全市共639家综合医院、老年专科医院、康复医院、护理院、基层卫生院等被评为老年友善医疗机构，建设率93.83%。全市共有安宁疗护定点机构34家，安宁疗护床位510余张，全年为临终老年人提供安宁疗护服务2 100余例。2022年全年，146.5万余名65岁及以上老年人接受了健康管理，老年人健康管理率为51.37%；182.9万老年人接受了中医药健康管理，老年人中医药健康管理率为70.98%；105.1万65岁以上老年人接受了医养结合服务指导，65岁以上老年人医养结合服务指导率为36.88%。

三是开展社区老年教育和宣传活动。2022年，全市各区（市、县）60%以上的街道（镇）均成立老年教育学校。各区（市、县）积极开发线上线下老年教育课程，以"安全、防疫知识""防范电信诈骗"等为主题开展讲座、送教等活动，参与线上线下课程和活动的老年人共计35万人次。市老龄办组织各区（市、县）涉老部门深入社区、医院，从日常生活的多个方面开展"智慧助老"活动，围绕最基本、最常用、与生活最贴切的操作技巧，给老年人普及智能设备的操作流程。指导基层持续开展民法典主题宣传，开展普法志愿服务，积极化解涉老矛盾纠纷，维护老年人合法权益，引导老年人提高警觉性，依法维权，保护好人身和财产安全。

四是打造老年友好社会氛围，构建老年宜居环境。实施老年人免费乘坐公交车和优惠乘坐地铁政策，做好老年人出行优待服务；在客运场站公共区域实施适老化改造，确保老年人顺畅出行；成都地铁在车站站厅、出入口、卫生间均设置无障碍设施，提高老年群体通行便捷性；交通集团、各交通场站、出租汽车行业推出无障碍出行预约服务、电话"一键叫车"服务功能、志愿者服务、巡游出租汽车"95128"助老出行热线叫车电话和网约车"一键叫车"小程序服务功能等，积极构建老年友好的出行环境。持续开展城镇老旧小区和公共服务设施无障碍改造，持续推进既有住宅增设电梯工作，全年完成增设电梯1 500台。此外，2022年，全市共建设23个"成都市老年友好型社区"；其中，成都市成华区二仙桥街道下涧槽社区、温江区万春镇天乡路社区等10个社区获批全国示范性老年友好型社区，占全省建设总数的20%。

整体来看，成都市在响应国家老龄事业政策的同时，结合地方实际，制定了一系列既符合国家战略又具有地方特色的养老服务政策，为老年人提供了更加多样化、个性化的养老服务。历年来，成都市养老服务体系政策从基础设施建设逐步转向提升服务质量，注重政府、市场和社会的协作，强调社区服务的落实和智慧化建设，为全国养老服务体系建设贡献了宝贵经验，并体现出如下特点。

一是前瞻性与创新性。成都市早在2018年就着手研究社区嵌入式养老模式，在2022年提出构建"15分钟养老服务圈"和养老服务综合体建设，并计划至2025年在每个街道至少建成运营一个社区养老服务综合体，相关规划和目标设定具有领先性。此外，成都市在服务方式创新上不断探索，例如，推广家庭照护床位和"喘息服务"、出台服务清单制度、建立失能老年人家庭成员照护培训机制等各种方案的提出，都展现出成都市在养老服务体系建设中的前瞻性和创新性。

二是整体性与区域性结合。成都市在制定养老服务政策时，不仅遵循国家和省级的总体指导方针，还结合本地特色，制定符合本地实际情况的具体措施，体现出成都市在养老服务政策制定上的针对性。各区（市、县），根据自身的实际情况，可制定更为细致的实施方案，例如，成华区制定了《成华区加快养老服务业创新发展的实施意见》等。

三是信息化建设领先。成都市开创了全省数字化养老信息的先河，早在2013年就在养老服务中积极引入信息化和智能化手段，通过建设居家养老服务综合信息平台，实现老年人电子档案和服务资源的集中管理和调度。这种信息化管理不仅提升了服务效率，也使得服务更加精准和个性化。

四是养老服务市场化与多元化。2018年，成都市全面放开养老服务市场，鼓励社会投资和境外投资者参与养老服务机构的建设，此后不断激发社会领域投资养老服务的活力。通过政策引导和支持，鼓励和吸引更多的社会资本进入养老服务领域，推动养老服务的市场化与多元化。

在新的历史机遇期，积极应对人口老龄化成为新时期的战略要点，成都市相关老龄政策的制定和调整，对于西部地区及全国都具有一定示范作用。

第二节　数据来源

本书主要数据来源为第七次全国人口普查四川省数据和成都市老龄社会追踪调查基线数据。通过对普查数据与抽样调查数据的结合使用，本书力争在对成都市老年人口的基本现状进行全景式展现的同时，对与人口发展和老年福祉紧密相关的多个方面进行深度呈现。其中，第七次全国人口普查四川省数据来自四川省人口与发展数据实验室①。普查数据能够对成都市老年人口的总体情况进行展示；本书对短表和10%抽样长表涉及的相关变量均进行了分析。

成都市老龄社会追踪调查项目是本书作者团队主导发起的抽样调查，项目旨在收集成都市中老年人家庭和个人的多期微观数据，用以了解成都市老年人口的规模、结构与素质，分析成都市人口老龄化问题。成都市老龄社会追踪调查的受访对象是常住地为成都市的50岁及以上中老年人，通过科学的随机抽样产生家户及个人受访者。基线调查问卷设计借鉴国际和国内经验，具体内容包括七个模块，即个人基本信息、工作和社会参与状况、健康状况、积极老龄化态度与行为、子女状况与代际关系、消费与支出，以及临终医疗与死亡焦虑。具体访问形式为访员与受访者面对面进行访问，并将访问结果通过手持电子设备进行录入。在抽样方式上，调查参考了中国家庭追踪调查和中国健康与养老追踪调查的方式，主要采取概率比例规模抽样（PPS）方式，尽量保证对成都市老年人口的代表性。基于成都市各区县市人口比例，共抽取成都市街道（镇）18个，于每个街道内

---

　① 详情见 https://rk.swufe.edu.cn/。

选择 3 个有代表性的社区（村），对社区内 50 周岁及以上中老年人进行访问；每个社区的有效问卷回收数量为 30 份左右。基线调查于 2023 年 5 月至 7 月在成都市进行，实际完成问卷数为 1 545 份。剔除基本人口统计学特征缺失的个案后（包括年龄、性别、教育、婚姻、民族、户口变量缺失及年龄不满 50 岁者，年龄以 2023 年 5 月 1 日为基准），有效样本量为 1 521 人。样本的基本人口统计学分布见表 1-4。

表 1-4　样本分布①　　　　　　　　单位:%

	具体类别	全体	男性（N = 577）	女性（N = 944）
年龄组	50~59 岁	32.54	24.96	37.18
	60~69 岁	37.54	36.74	38.03
	70~79 岁	25.71	32.41	21.61
	80 岁及以上	4.21	5.89	3.18
受教育程度	文盲	7.69	4.33	9.75
	小学未毕业	13.94	13.69	14.09
	小学	18.93	18.89	18.96
	初中	35.11	34.66	35.38
	高中/中专	17.30	18.72	16.42
	大专及以上	7.03	9.71	5.40
户口类型	农业户口	50.82	55.29	48.09
	非农业户口	49.18	44.71	51.91
婚姻状况	已婚	83.96	93.76	77.96
	丧偶	13.48	3.99	19.28
	离婚	2.30	1.73	2.65
	未婚	0.26	0.52	0.11

注：N = 1 521。N 代表表格所涉总体或样本的数量，在有必要时将以表格注释形式标出，下同。

---

① 由于社区准入性、受访者接受度及成本控制等原因，我们的调查访问主要是在社区党群服务中心等开放场所及工作日开展的。因此，样本的性别和年龄分布从侧面反映出 50~59 岁年龄段女性的闲暇时间更多，更可能参与访问。

本书分析对象为年满50岁及以上的中老年人，和学界对老年人的常规定义相比（通常为60岁及以上人口），本书纳入了50~59岁年龄组，并在行文中将分析对象统称为老年人。本书中成都（市）的范围包括锦江区、青羊区、金牛区、武侯区、成华区、龙泉驿区、青白江区、新都区、温江区、双流区、郫都区、新津区12个区，简阳市、都江堰市、彭州市、邛崃市、崇州市5个县级市，金堂县、大邑县、蒲江县3个县，共20个区（市、县）。成都市高新区、四川天府新区成都直管区和成都东部新区3个功能区在官方人口统计工作中不作为单独的区（市、县）进行统计。

第三节　本书结构

本书共分为九章。第一章是引言，对本书的写作背景、数据来源和结构安排进行介绍。第二章到第八章是实证分析章节，分别对成都市老年人口的基本状况、健康状况、社会经济地位与劳动参与行为、家庭与代际关系、养老意愿各实证章节综合及服务、社会参与以及死亡态度这七个主题进行了深入分析。各实证章节综合利用了人口普查数据和抽样调查数据，对相关主题进行了点面结合的分析。第九章基于上述结论，对成都市老年人口当前特征与面临问题进行了总结，并针对促进成都市老年人口高质量发展提出对策建议。

第二章　成都老年人口基本现状

第一节　引言

人口数量、结构和素质是人口的基本三要素。本章对成都市老年人口的数量、结构和素质进行展现，从而对新世纪以来成都市人口老龄化的基本形势进行刻画。本章第二节基于历次人口普查等汇总数据，对成都市老年人口的变动趋势进行概括。第三节和第四节基于第七次全国人口普查短表数据，对四川省成都市老年人口的基本现状进行系统梳理，具体包括成都市老年人口的自然结构和社会结构两个部分。其中，自然结构包括人口年龄结构和性别结构，社会结构包括受教育程度和人口流动情况的相关信息。

第二节　新世纪以来成都老年人口变动趋势——基于历次人口普查数据结果

一、人口老龄化现象起步较晚但发展进程快

根据第七次全国人口普查数据，2020 年成都市常住人口为 2 093.78 万人，其中，65 岁及以上人口为 285.12 万人，占比为 13.62%（见表 2-1）。从人口增速看，2000—2020 年，成都市 65 岁及以上人口占比由 7.96% 增至 13.62%，2000—2010 年与 2010—2020 年 65 岁及以上人口占比增速分

别为 21.98% 与 40.27%，前后增速增长了 18.29 个百分点。可见成都市自 2000 年成为老龄化社会以来，在 2000—2020 年间人口老龄化程度日益加重，2020 年占比（13.62%）距深度老龄化社会阶段（14%）仅相差 0.38%。成都市老龄化形势虽开始时间较晚，但进程快，现阶段正快速向深度老龄化社会迈进。

表 2-1　2000—2020 年成都市人口年龄结构　　　单位:%

年龄组	第五次全国人口普查（2000 年）	第六次全国人口普查（2010 年）	第七次全国人口普查（2020 年）
0~14 岁	16.43	10.94	13.28
15~64 岁	75.61	79.35	73.10
65 岁及以上	7.96	9.71	13.62
总人数（万人）	1 110.85	1 511.88	2 093.78

注: 本节表格数据来源为第五次全国人口普查、第六次全国人口普查和第七次全国人口普查公报和年鉴等汇总数据，以下不再另行说明。

二、老年人口以低龄老年人为主体，高龄老年人占比显著上升

第七次全国人口普查数据显示，2020 年成都市低龄、中龄、高龄老年人在老年人口（60 岁及以上人口）中的占比分别为 45.79%、35.01%、19.20%，可见老年人口以低龄老年人为主体，数量为 224.76 万人。低龄老年人资源的丰富不仅意味着更多的劳动力储备，而且促进了消费市场的繁荣，多样化的消费需求也为发展"银发经济"，打造医疗、养老、家居适老化及智能化环境提供了条件。此外，2000—2010 年，成都市老年人口年龄结构整体变动较小。2010—2020 年，中高龄老年人口占比整体稳步上升且增速加快，尤其是高龄老年群体，2010—2020 年占比增量较 2000—2010 年翻了三倍左右（见表 2-2）。

表 2-2　2000—2020 年成都市老年人口年龄结构　　　单位：%

年龄组	第五次全国人口普查（2000 年）	第六次全国人口普查（2010 年）	第七次全国人口普查（2020 年）
60~69 岁	58.08	57.09	45.79
70~79 岁	31.79	30.66	35.01
80 岁及以上	10.13	12.25	19.20
总计	100	100	100

三、老年人口抚养比攀升

表 2-3 显示，2020 年前后，少儿人口占比与老年人口占比"左高右低"的局面出现逆转，家庭和社会由传统的养"幼"为主转为养"老"为主。2020 年，老年人口抚养比上升至 18.63%，即约每 5 个劳动力供养 1 个老年人，且 2010—2020 年老年人口抚养比增量（6.39%）较 2000—2010 年增量（1.71%）翻了近 4 倍（3.74 倍）。老年人口抚养比的攀升反映了人口老龄化带来的诸多挑战和机遇。一方面，其加剧了社会经济负担，造成劳动力缺口，对基础设施建设、社会保障体系与社会支持系统提出了新挑战。另一方面，其对于培育新质生产力、打造现代化人力资源与把握人口质量红利、人才红利提出了新诉求。同时，庞大的老年消费市场为医疗、养老、康养等行业提供了更大的发展空间，有助于进一步推动经济转型和教育、医疗等体制机制创新。

表 2-3　2000—2020 年成都市人口抚养比　　　单位：%

抚养比	第五次全国人口普查（2000 年）	第六次全国人口普查（2010 年）	第七次全国人口普查（2020 年）
少儿人口抚养比	21.73	13.79	18.17
老年人口抚养比	10.53	12.24	18.63

四、女性老年人口比重高于男性，年龄组间性别比差距缩小

2020 年，成都 60 岁及以上人口中，男性人口数量为 180.86 万人，女

性人口数量为 195.55 万人，男性老年人口比重（48.05%）低于女性老年人口比重（51.95%）。表 2-4 显示，2000—2020 年 60 岁及以上老年人口性别比呈现整体稳步下降的态势。具体看，2000 年与 2010 年低龄、中龄老年人口均为男性老年人口占多数，2020 年低龄、中龄、高龄老年人口均为女性老年人口占多数。第五、六、七次全国人口普查数据均呈现随年龄增长，女性老年人口占比提高，同时高龄老年人口性别比整体趋向平衡、各年龄组间性别比的差距逐渐缩小等特点。这不仅展现出女性相对更长的平均预期寿命和更好的健康状况，而且体现了居民生活质量提升、医疗卫生技术进步、社会保障体系完善等社会经济条件对于维护生命健康、改善民生福祉的积极作用。同时，上述结果在一定程度上反映了社会需求的变化，有待从社会与家庭维度为性别平等及老年女性权益保障、养老照料、医疗服务、社会参与、心理健康等方面提供更多元、更深层的支持并引起广泛重视。

表 2-4　2000—2020 年成都市老年人口性别比　　　　单位：%

年龄组	第五次全国人口普查（2000 年）	第六次全国人口普查（2010 年）	第七次全国人口普查（2020 年）
60~69 岁	110.69	100.75	93.32
70~79 岁	102.95	103.09	93 68
80 岁及以上	71.96	87.33	86.97
60 岁及以上	103.58	99.71	92.49

五、文盲率显著下降，低龄老年人受教育程度较高

由表 2-5 中数据可知，2000—2020 年成都市老年人口文盲率显著下降，2010—2020 年 65 岁及以上人口与 60 岁及以上人口文盲率降幅（16.28%、12.82%）约为 2000—2010 年文盲率降幅（5.01%、4.52%）的 3 倍。2020 年成都市 60 岁及以上人口受教育程度主要集中于小学、初中与高中。其中，低龄老年人口受教育程度整体高于中、高龄老年人口，低龄老年人口中大学专科及以上人口占比为 9.85%（见表 2-6）。较好的

高素质老年人力资源储备对于经济社会发展具有诸多积极影响，受教育程度较高的低龄老年人通常社会参与度较高、健康状况相对较好，对于家庭发展与子女教育相对更为重视，科技适应性相对较强，有助于其对生活质量、生命健康进行自我保障。相对于中高龄老年人，低龄老年人再就业意愿相对较强，消费水平相对较高，有助于助力积极老龄化实现、推动银发经济发展、促进区域消费升级与社会保障体系的完善。此外，如何保障中高龄老年群体的生活满意度，引导"数字鸿沟"向"科技适老"的跨越，始终是迈进深度老龄化社会路途中亟待解决的难点。

表 2-5　2000—2020 年成都市老年人口文盲率　　　单位:%

年龄组	第五次全国人口普查（2000 年）	第六次全国人口普查（2010 年）	第七次全国人口普查（2020 年）
65 岁及以上	29.36	24.35	8.07
60 岁及以上	23.68	19.16	6.34

表 2-6　2020 年成都市老年人口受教育程度　　　单位:%

年龄组	未上过学	小学	初中	高中	大学专科及以上	合计
60~69 岁	2.48	31.40	38.39	17.88	9.85	100
70~79 岁	7.04	54.66	24.40	7.95	5.95	100
80 岁及以上	17.77	50.46	14.85	9.03	7.89	100
60 岁及以上	7.02	43.20	28.97	12.70	8.11	100

六、老龄化城乡倒置现象突出，城镇低龄老年人比重更高

2020 年成都市人口老龄化存在显著的城乡差异，老龄化城乡倒置现象突出。城镇 60 岁及以上人口占比为 15.89%，65 岁及以上人口占比为 11.72%。农村 60 岁及以上人口占比为 25.74%，65 岁及以上人口占比为

20.66%（见表2-7），老龄化城乡倒置度①为8.94%。2000—2020年老龄化城乡倒置现象愈发突出，由2000年的1.19%上升至2010年的3.23%，再攀升至2020年的8.94%，成都市老龄化程度的城乡差距进一步扩大（见表2-8）。究其原因可总结为以下四点：①城乡经济发展不平衡与城市化相关政策使得大量农村年轻劳动力流入城镇就业；②现代家庭结构向核心家庭的转变相对增加了农村老年人的数量；③农村社会保障体系尚不完善与医疗资源匮乏在增加农村老年人照护困难的同时吸引更多年轻劳动力进入城市；④城乡教育资源差异与个人价值观念的转变。

城镇与农村60岁及以上人口均以低龄老年人口为主体，城镇低龄老年人口占比高于农村低龄老年人口，城镇中龄老年人口占比低于农村中龄老年人口，城镇与农村高龄老年人口占比较为接近（见表2-9）。城镇与农村在老龄化过程中的不同特点对社会保障、家庭支持等方面提出了新挑战。如城镇低龄老年人口的高占比加大了社保系统的压力，农村中龄老年人口的较高占比一定程度上意味着未来养老保障体系的负担较重。同时老龄化城乡倒置现象对公共服务质量与社会关怀提出了更高的标准与诉求，城乡资源配置有待进一步优化。

表2-7　2020年成都市老龄化城乡差异

地区	常住人口数（人）	60岁及以上人口占比（%）	65岁及以上人口占比（%）
城镇	16 492 980	15.89	11.72
农村	4 444 777	25.74	20.66

表2-8　2000—2020年成都市老龄化程度城乡差异　　　　单位:%

年份	年龄	城镇	农村
第五次全国人口普查（2000年）	60岁及以上	11.47	12.59
	65岁及以上	7.56	8.75

---

① 老龄化城乡倒置度计算方式为农村65岁及以上老年人口占比减去城镇65岁及以上老年人口占比。

表2-8(续)

年份	年龄	城镇	农村
第六次全国人口普查 （2010年）	60岁及以上	12.75	17.62
	65岁及以上	8.61	11.84
第七次全国人口普查 （2020年）	60岁及以上	15.89	25.74
	65岁及以上	11.72	20.66

表2-9　2020年成都市老年人口结构城乡差异　　单位:%

年龄组	城镇	农村
60~69岁	55.18	50.69
70~79岁	30.35	34.76
80岁及以上	14.47	14.55
总计	100	100

七、人口老龄化程度存在空间异质性，低于四川省平均水平

（一）成都市老龄化程度存在地域差异

成都市老龄化程度相对较深，整体向深度老龄化社会迈进，各区（市、县）老龄化程度存在地区差异（见表2-10）。超半数的区（市、县）已成为深度老龄化社会，老龄化程度由重到轻排在前三位的区（市、县）分别为东部新区、简阳市、邛崃市，65岁及以上人口占比分别为21.56%、21.44%、19.73%。成都市第十四次党代会提出，"持续做优做强中心城区、城市新区、郊区新城，形成多中心、网络化、组团式功能结构"。从战略空间布局角度观察老龄化发展态势可知，成都市中心城区[①] 60岁及以上人口占比为16.01%，65岁及以上人口占比为11.85%；城市新区60岁及以上人口占比为15.78%，65岁及以上人口占比为11.82%；郊区新城

———————

① 中心城区包括锦江区、青羊区、金牛区、武侯区、成华区、龙泉驿区、青白江区、新都区、温江区、双流区、郫都区、新津区12个行政区；城市新区包括成都高新区、四川天府新区和成都东部新区3个功能区；郊区新城包括简阳市、都江堰市、彭州市、邛崃市、崇州市、金堂县、大邑县、蒲江县8个行政区。

60 岁及以上人口占比为 24.13%，65 岁及以上人口占比为 19.06%。可见郊区新城整体已迈入深度老龄化社会，正向超老龄化社会发展，而中心城区与城市新区的老龄化程度较为接近且相对较弱。不同区（市、县）老龄化程度的差异不仅会影响各地区的消费需求、人口流动方向、产业结构与经济发展效能，而且会影响基础设施建设投入布局与财政支出分配比例，同时对于区域协同发展与可持续发展的实现提出新挑战。

表 2-10　2020 年成都市各区（市、县）老年人口占比

地区	常住人口数（人）	60 岁及以上人口占比（%）	65 岁及以上人口占比（%）
成都市	20 937 757	17.98	13.62
天府新区	866 233	16.61	12.38
东部新区	379 096	26.24	21.56
高新区	1 257 541	12.05	8.49
锦江区	902 933	17.95	12.97
青羊区	955 954	18.96	14.04
金牛区	1 265 398	17.67	12.83
武侯区	1 206 568	15.40	11.38
成华区	1 381 894	17.37	12.48
龙泉驿区	1 346 210	14.67	11.00
青白江区	490 091	20.55	15.68
新都区	1 558 466	14.96	11.15
温江区	967 868	15.09	11.12
双流区	1 465 785	12.43	9.26
郫都区	1 390 913	14.15	10.63
新津区	363 591	21.95	17.26
简阳市	738 169	26.21	21.44
都江堰市	710 056	24.04	18.82
彭州市	780 399	25.27	19.48
邛崃市	602 973	24.92	19.73

表2-10(续)

地区	常住人口数（人）	60岁及以上人口占比（％）	65岁及以上人口占比（％）
崇州市	735 723	22.51	17.88
金堂县	800 371	22.24	17.16
大邑县	515 962	24.05	19.39
蒲江县	255 563	23.71	18.59

（二）成都市老龄化程度低于四川省平均水平

2020年成都市60岁及以上人口占比与65岁及以上人口占比均低于四川省平均水平。四川省整体已进入深度老龄化社会阶段，其中有6个市（州）已成为超级老龄化社会，分别为自贡市、德阳市、内江市、南充市、眉山市与资阳市。尚未成为深度老龄化社会的四个市（州）分别是甘孜藏族自治州、凉山彝族自治州、阿坝藏族羌族自治州与成都市，其65岁及以上人口占比分别为8.36％、9.49％、10.81％与13.62％（见表2-11）。相对较轻的人口老龄化程度在一定程度上意味着较为充裕的劳动力供给、较轻的社会保障负担与家庭赡养压力、较充沛的创新活力、更为多元化的消费结构、较多的公共服务支出等，影响着区域发展战略如人才引进与投资模式、产业布局等的选择。

表2-11　2020年四川省各市（州）老年人口占比

地区	常住人口数（人）	60岁及以上人口占比（％）	65岁及以上人口占比（％）
四川省	83 674 866	21.71	16.93
成都市	20 937 757	17.98	13.62
自贡市	2 489 256	27.34	21.29
攀枝花市	1 212 203	19.76	15.88
泸州市	4 254 149	22.99	17.65
德阳市	3 456 161	25.82	20.25
绵阳市	4 868 243	23.71	18.36
广元市	2 305 657	24.50	18.81

表2-11(续)

地区	常住人口数（人）	60岁及以上人口占比（%）	65岁及以上人口占比（%）
遂宁市	2 814 196	25.19	19.85
内江市	3 140 678	25.24	20.03
乐山市	3 160 168	24.50	19.19
南充市	5 607 565	26.00	20.69
眉山市	2 955 219	24.73	20.02
宜宾市	4 588 804	20.58	15.76
广安市	3 254 883	24.80	19.57
达州市	5 385 422	22.36	17.96
雅安市	1 434 603	21.45	17.01
巴中市	2 712 894	24.46	19.67
资阳市	2 308 631	28.19	22.62
阿坝藏族羌族自治州	822 587	14.33	10.81
甘孜藏族自治州	1 107 431	11.37	8.36
凉山彝族自治州	4 858 359	12.44	9.49

第三节 成都老年人口自然结构——基于第七次全国人口普查数据结果

一、年龄结构

（一）老年人口以低龄老年人为主体

成都市50岁及以上人口共有875.99万人，以低龄老年人为主，平均年龄为64.47岁，男女比例相对均衡。其中，50~59岁受访者占43.97%，60~69岁受访者占25.66%，70~79岁受访者占19.62%，80~89岁受访者占8.36%，90~99岁受访者占2.22%，100岁及以上受访者占0.17%（见表2-12）。从性别结构看，各年龄组性别结构相对均衡，60岁及以上各年龄组中女性老年人占比均高于男性老年人，且在 70~79 岁年龄组中二者占比差距最大，达到 1.08%。

表 2-12　分性别的人口年龄结构　　　　　单位:%

年龄组	合计	男性（$N = 4\,307\,416$）	女性（$N = 4\,452\,517$）
50~59 岁	43.97	44.96	43.00
60~69 岁	25.66	25.61	25.70
70~79 岁	19.62	19.07	20.15
80~89 岁	8.36	8.18	8.55
90~99 岁	2.22	2.04	2.41
100 岁及以上	0.17	0.14	0.19
总计	100	100	100

（二）低龄老年人和高龄老年人的相对占比在各市州中处于较高水平

成都市是四川省内 50 岁及以上人口占比最高的地区，同时高龄老年人占比相对较高。四川省 50 岁及以上人口共有 3 893.61 万人，如表 2-13 所示，四川省各市州 50 岁及以上人口占比最高的五个地区分别是：成都市、南充市、达州市、绵阳市、宜宾市。后五位分别为：资阳市、雅安市、攀枝花市、甘孜州、阿坝州。各市州 50 岁及以上人口均以低龄老年人为主体，其中成都市 50~59 岁人口占比为 43.97%，高于四川省平均水平（41.13%）。成都市 80 岁及以上人口占比为 10.75%，低于四川省平均水平（12.17%），100 岁及以上人口占比为 0.17%，高于四川省平均水平（0.14%）。这一定程度上反映出成都市低龄老年人力资源的相对充裕。

表 2-13　四川省年龄别人口分布　　　　　单位:%

地区	50~59 岁	60~69 岁	70~79 岁	80~89 岁	90~99 岁	100 岁及以上
四川省	41.13	24.80	21.90	9.74	2.29	0.14
成都市	43.97	25.66	19.62	8.36	2.22	0.17
自贡市	37.14	25.41	23.89	10.54	2.84	0.18
攀枝花市	47.50	20.81	19.66	10.31	1.65	0.07

表2-13(续)

地区	50~59岁	60~69岁	70~79岁	80~89岁	90~99岁	100岁及以上
泸州市	40.02	25.55	22.41	9.44	2.45	0.13
德阳市	38.75	26.12	23.06	9.57	2.38	0.12
绵阳市	40.20	25.96	22.05	9.56	2.12	0.11
广元市	41.03	25.87	21.86	9.72	1.45	0.07
遂宁市	36.89	25.43	24.28	10.33	2.87	0.20
内江市	39.29	24.25	22.69	10.68	2.91	0.18
乐山市	41.84	24.23	21.08	10.20	2.49	0.16
南充市	37.28	24.27	24.76	11.02	2.53	0.14
眉山市	41.45	22.88	22.27	10.54	2.67	0.19
宜宾市	42.45	25.47	20.98	8.88	2.11	0.11
广安市	37.05	25.32	24.22	11.04	2.27	0.10
达州市	40.63	23.77	23.20	10.28	2.01	0.11
雅安市	45.25	22.89	19.54	9.96	2.25	0.11
巴中市	38.06	23.00	25.60	11.45	1.78	0.11
资阳市	35.67	23.99	25.79	11.23	3.12	0.20
阿坝州	48.29	23.01	17.63	9.36	1.59	0.12
甘孜州	50.28	23.69	16.72	7.68	1.50	0.13
凉山州	48.65	23.02	17.45	9.10	1.68	0.10

二、性别结构

(一)整体相对均衡,随年龄增长趋向于不平衡

成都市50岁及以上人口性别结构整体相对均衡,男性人口占比为49.17%,女性人口占比为50.83%(见表2-14)。从分性别的年龄结构来看,女性群体中50岁及以上老年人口占比略高于男性(见表2-15)。且年龄越大,性别结构越趋向于不均衡,即50~54岁年龄组女性老年人占比略低于男性老年人,55岁及以上各年龄组的女性老年人较男性老年人占比差距则逐渐增大,100岁及以上年龄组的男女比例差距达到18.92%。

24

表 2-14　成都市 50 岁及以上人口性别结构

性别	人数（人）	占比（%）
男性	4 307 416	49.17
女性	4 452 517	50.83
总计	8 759 933	100

表 2-15　成都市 50 岁及以上人口年龄别性别结构　　单位:%

性别	年龄组					
	50~54 岁	55~59 岁	60~64 岁	65~69 岁	70~74 岁	75~79 岁
男性	50.69	49.84	48.98	49.22	47.28	48.60
女性	49.31	50.16	51.02	50.78	52.72	51.40
性别	年龄组					
	80~84 岁	85~89 岁	90~94 岁	95~99 岁	100 岁及以上	总计
男性	48.56	47.23	45.63	43.55	40.54	49.17
女性	51.44	52.77	54.37	56.45	59.46	50.83

（二）女性人口占比高于四川省平均水平

成都市 50 岁及以上人口中女性人口占比在四川省内位居第二
（50.83%），仅次于广安市（50.87%），高于四川省平均水平。四川省及
各市州 50 岁及以上人口男女比例较为均衡，普遍呈现女多男少的特征
（见表 2-16）。

表 2-16　四川省 50 岁及以上人口性别结构　　单位:%

地区	男性	女性	地区	男性	女性
四川省	49.56	50.44	南充市	49.76	50.24
成都市	49.17	50.83	眉山市	49.57	50.43
自贡市	48.70	51.30	宜宾市	49.84	50.16
攀枝花市	51.44	48.56	广安市	49.13	50.87
泸州市	49.31	50.69	达州市	50.23	49.77
德阳市	49.60	50.40	雅安市	50.41	49.59

表2-16(续)

地区	男性	女性	地区	男性	女性
绵阳市	50.04	49.96	巴中市	49.49	50.51
广元市	49.63	50.37	资阳市	49.32	50.68
遂宁市	49.31	50.69	阿坝州	50.77	49.23
内江市	49.41	50.59	甘孜州	50.58	49.42
乐山市	49.79	50.21	凉山州	49.35	50.65

第四节　成都老年人口社会结构——基于第七次全国人口普查数据结果

一、受教育程度

（一）人口素质较高，性别差异显著

据第七次全国人口普查数据，在成都市50岁及以上人口中，受教育程度为未上过学、小学、初中、高中、大专及以上的人口占比分别为4.28%、35.7%、37.11%、12.98%、9.93%（见表2-17）。其中，受教育程度为小学与初中的人口占比较高，且大专及以上人口占比为9.92%，接近10%，可见成都市高素质老年人口占比较高，老年人力资源较为充裕，有待进一步开发。从性别结构看，成都市50岁及以上人口受教育程度的性别差异较为显著。受教育程度为小学及以下的男性人口占比低于女性人口，受教育程度为初中及以上的男性人口占比高于女性人口。未上过学的女性老年人口数量约为男性老年人口的2.7倍，受教育程度为小学的女性老年人口数量多于男性老年人口数量，其余各阶段受教育程度的男性老年人口数量均远超女性老年人口，体现出显著的性别差异。

（二）平均受教育年限为8.63年，且男性高于女性

成都市50岁及以上人口平均受教育年限为8.63年。其中，男性的平均受教育年限是9.04年，女性的平均受教育年限是8.23年。男性的受教育程度整体高于女性（见表2-18）。

26

表2-17 成都市50岁及以上人口分性别的受教育程度分布 单位:%

受教育程度	全体	男性	女性
未上过学	4.28	2.35	6.14
小学	35.70	33.14	38.19
初中	37.11	38.98	35.31
高中	12.98	13.67	12.32
大专及以上	9.93	11.86	8.04
总计	100	100	100

表2-18 成都市50岁及以上人口分性别的受教育年限

	合计（人）	未上过学（人）	小学（人）	初中（人）	高中（人）	大学专科（人）	平均受教育年限（年）
男	4 307 416	101 251	1 427 339	1 678 976	588 673	511 177	9.04
女	4 452 517	273 330	1 700 379	1 571 989	548 341	358 478	8.23
总计	8 759 933	374 581	3 127 718	3 250 965	1 137 014	869 655	8.63

（三）老年人力资源优势突出，高素质人口占比位于四川省首位

成都市高素质人口占比位于四川省首位（大专及以上占比为9.93%），未上过学的人口占比最低（4.28%）。四川省50岁及以上人口的受教育程度主要集中在小学与初中，高中及以上人口占比为12.85%。各市州50岁及以上人口的受教育程度则主要集中在小学、初中与高中。高中及以上人口占比位于前三位的分别是成都市、攀枝花市、绵阳市，占比分别为22.91%、20.31%、12.77%。未上过学人口占比位于前三位的分别是甘孜州、阿坝州、凉山州（见表2-19）。可见成都市在四川省内突出的老年人力资源优势。

表2-19 四川省各地区50岁及以上人口受教育程度分布 单位:%

地区	未上过学	小学	初中	高中	大专及以上
四川省	8.43	45.28	33.34	8.01	4.94
成都市	4.28	35.70	37.11	12.98	9.93

表2-19(续)

地区	未上过学	小学	初中	高中	大专及以上
自贡市	7.33	45.25	35.03	8.20	4.19
攀枝花市	9.81	36.87	33.01	12.10	8.21
泸州市	7.76	54.89	29.02	5.47	2.86
德阳市	8.82	46.29	32.95	7.58	4.36
绵阳市	8.92	45.15	33.16	7.81	4.96
广元市	10.77	48.12	30.74	6.70	3.67
遂宁市	9.89	47.63	34.48	5.30	2.70
内江市	7.64	47.03	36.15	6.25	2.93
乐山市	6.00	47.51	33.79	8.14	4.56
南充市	12.10	47.09	32.51	5.84	2.46
眉山市	7.63	48.27	35.23	6.09	2.78
宜宾市	5.34	54.58	29.57	6.56	3.95
广安市	8.53	53.96	30.83	4.80	1.88
达州市	6.94	46.51	37.78	6.49	2.28
雅安市	6.21	44.74	36.97	7.40	4.68
巴中市	6.80	48.67	33.63	8.10	2.80
资阳市	10.13	48.95	33.82	4.61	2.49
阿坝州	25.63	43.64	20.08	5.32	5.33
甘孜州	37.36	38.43	13.92	5.44	4.85
凉山州	24.65	47.04	18.87	5.09	4.35

二、人口识字现状

(一)识字率普遍较高,性别差异显著

成都市50岁及以上人口的识字率普遍较高,达到96%以上,性别差异显著。其中,不识字人口中女性老年人规模(24.88万人)远超于男性(9.05万人),占比(73.32%)远高于男性(26.68%)。女性老年人中识字人口的占比(94.41%)略低于男性(97.9%),女性老年人中不识字人

口的占比约为男性的 2.66 倍（见表 2-20）。

表 2-20　成都市 50 岁及以上人口分性别识字现状　　单位:%

是否识字	全体（N=8 759 933）	男性（N=4 307 416）	女性（N=4 452 517）
是	96.13	97.90	94.41
否	3.87	2.10	5.59

（二）识字率位居四川省第一位，区域优势突出

成都市识字率在四川省内位居第一，远超四川省平均水平。各市州 50 岁及以上人口识字率位于前五位的分别是成都市、宜宾市、巴中市、雅安市、乐山市，识字率分别为 96.13%、95.02%、94.65%、94.62%、94.23%。位于后三位的为甘孜州、阿坝州、凉山州，识字率分别为 64.61%、74.54%、75.76%（见表 2-21）。

表 2-21　四川省 50 岁及以上人口识字现状　　单位:%

地区	识字	不识字	地区	识字	不识字
四川省	92.40	7.60	南充市	89.15	10.85
成都市	96.13	3.87	眉山市	93.10	6.90
自贡市	93.27	6.73	宜宾市	95.02	4.98
攀枝花市	90.93	9.07	广安市	92.88	7.12
泸州市	93.07	6.93	达州市	94.10	5.90
德阳市	92.26	7.74	雅安市	94.62	5.38
绵阳市	92.29	7.71	巴中市	94.65	5.35
广元市	91.24	8.76	资阳市	91.20	8.80
遂宁市	91.23	8.77	阿坝州	74.54	25.46
内江市	92.85	7.15	甘孜州	64.61	35.39
乐山市	94.23	5.77	凉山州	75.76	24.24

三、离开户口登记地时间

（一）没有离开户口登记地的人口占比最高

成都市 50 岁及以上人口中，没有离开户口登记地的人口占比最高，接

近50%。除此之外，离开五年以上的人口占比较高，约为25.47%，离开十年以上的人口占比最高，约为14.56%（见表2-22）。

表2-22　成都市离开户口登记地时间的50岁及以上人口结构

离开户口登记地时间	人数（人）	占比（%）
没有离开	4 115 179	47.02
不满半年	280 709	3.21
半年以上，不满一年	469 995	5.37
一年及以上，不满二年	427 583	4.89
二年及以上，不满三年	453 956	5.19
三年及以上，不满四年	443 645	5.07
四年及以上，不满五年	331 288	3.78
五年及以上，不满十年	954 627	10.91
十年及以上	1 274 584	14.56
总计	8 751 566	100

（二）分受教育程度的人口流动差异较小

分受教育程度看，各受教育程度的50岁及以上人口均普遍存在留在户口登记地与长短期流出现象（见表2-23），体现在受教育程度上的流动差异较不明显。若将离开五年以下界定为短期流出，五年及以上不满十年界定为中期流出，十年及以上界定为长期流出，则在离开户口登记地的各受教育程度人口中，多数人更倾向于选择中期与长期流出。

表2-23　成都市分受教育程度与离开户口登记地时间的50岁及以上人口结构

单位：%

离开户口登记地时间	未上过学	小学	初中	高中	大专及以上
没有离开	52.20	52.40	43.65	41.24	45.63
不满半年	2.46	2.97	3.61	3.19	2.93
半年以上，不满一年	4.87	5.07	5.89	5.43	4.67
一年及以上，不满二年	4.59	4.51	5.17	5.34	4.73

表2-23(续)

离开户口 登记地时间	未上过学	小学	初中	高中	大专 及以上
二年及以上，不满三年	4.77	4.72	5.47	5.84	5.10
三年及以上，不满四年	4.72	4.64	5.39	5.64	4.79
四年及以上，不满五年	3.53	3.38	4.03	4.37	3.68
五年及以上，不满十年	10.11	9.69	11.47	12.36	11.64
十年及以上	12.75	12.62	15.32	16.59	16.83
总计	100	100	100	100	100

（三）各年龄组人口多数未离开户口登记地，流出人口以低龄老年人为主体

分年龄看，各年龄组中均以没有离开户口登记地人口为主体，占比均处于40%~50%。流出人口主要以低龄老年人为主体。各年龄组的流出人口多为长期离开，且离开十年及以上人数占比较高，占比均在10%以上（见表2-24）。

表2-24　成都市分年龄与离开户口登记地时间的人口结构　单位:%

离开户口登记地时间	50~59岁	60~69岁	70~79岁	80~89岁	90~99岁	100岁 及以上
没有离开	40.58	45.65	56.84	59.36	56.83	52.25
不满半年	3.77	2.98	2.33	2.67	4.13	6.99
半年以上，不满一年	6.65	5.45	3.39	3.37	4.23	4.44
一年及以上，不满二年	5.60	5.16	3.60	3.46	4.21	4.92
二年及以上，不满三年	5.82	5.56	4.04	3.73	4.09	4.08
三年及以上，不满四年	5.59	5.50	4.13	3.60	3.75	3.79
四年及以上，不满五年	4.11	4.18	3.11	2.72	2.81	2.95
五年及以上，不满十年	11.60	11.80	9.76	8.20	7.67	7.19
十年及以上	16.28	13.72	12.80	12.89	12.28	13.39
总计	100	100	100	100	100	100

（四）未离开户口登记地的人口占比位于四川省末位，中长期流出人口的占比较高

成都市没有离开户口登记地的 50 岁及以上人口占比为四川省内最低（47.02%），中长期流出人口的占比均高于其他市州，可能原因是其较深的对外开放程度与较高的人口素质。四川省 50 岁及以上人口以没有离开户口登记地的人口居多。离开人口中，以短期（不满半年）与长期流出人口（十年及以上）为主。各市州 50 岁及以上人口中，均以没有离开户口登记地的人口居多。阿坝州、甘孜州、凉山州没有离开户口登记地的人口占比最高，可能原因是其语言、地理环境与生活饮食习惯（见表 2-25）。

表 2-25　四川省分地区与离开户口登记地时间的 50 岁及以上人口结构

单位:%

地区	没有离开	不满半年	半年及以上	一年及以上	二年及以上	三年及以上	四年及以上	五年及以上	十年及以上
四川省	58.38	8.66	3.96	3.55	3.68	3.42	2.54	6.99	8.82
成都市	47.02	3.21	5.37	4.89	5.19	5.07	3.78	10.91	14.56
自贡市	57.49	9.45	3.56	3.50	3.86	3.81	2.72	7.80	7.81
攀枝花市	60.34	3.01	5.44	4.37	3.81	3.04	2.34	6.23	11.42
泸州市	65.11	10.21	3.06	2.94	3.00	2.51	1.94	5.07	6.16
德阳市	65.47	6.83	2.92	2.76	3.05	2.64	1.98	6.26	8.09
绵阳市	61.49	9.89	3.71	3.08	3.26	2.91	2.14	6.17	7.35
广元市	62.04	13.60	2.61	2.21	2.51	2.35	1.81	5.65	7.22
遂宁市	54.93	14.57	4.31	3.84	3.57	3.58	2.44	6.30	6.46
内江市	59.64	12.06	3.11	3.21	3.48	3.12	2.29	5.85	7.24
乐山市	63.88	5.85	2.91	2.87	3.20	2.98	2.33	7.22	8.76
南充市	58.33	13.98	4.36	3.75	3.65	3.18	2.35	5.51	4.89
眉山市	65.12	6.43	3.01	3.05	3.54	3.33	2.27	6.49	6.76
宜宾市	64.60	7.78	3.49	3.09	3.06	2.49	1.87	5.34	8.28
广安市	57.67	15.99	3.96	3.72	3.51	2.94	2.13	5.50	4.58
达州市	54.06	12.82	4.49	3.98	3.73	3.63	2.78	6.55	7.96

表2-25（续）

地区	没有离开	不满半年	半年及以上	一年及以上	二年及以上	三年及以上	四年及以上	五年及以上	十年及以上
雅安市	72.70	4.89	2.60	2.02	1.99	2.10	1.57	4.28	7.85
巴中市	57.97	14.74	3.52	3.11	3.21	3.25	2.37	5.60	6.23
资阳市	63.97	13.32	2.62	2.42	2.76	2.52	1.85	4.92	5.62
阿坝州	69.94	4.98	5.39	1.85	1.75	1.68	1.27	4.15	8.99
甘孜州	70.28	3.04	4.30	2.66	2.44	2.23	1.59	3.95	9.51
凉山州	70.91	3.50	2.96	2.39	2.56	2.30	1.73	4.97	8.68

四、离开户口登记地的原因

（一）原因集中于工作就业、拆迁搬家与照料孙子女

成都市50岁及以上人口离开户口登记地的原因主要在于工作就业、拆迁/搬家、照料孙子女、养老/康养，占比分别为35.19%、30.79%、9.03%、7.34%，这与其生活追求（如经济获得或个人价值实现）有关。学习培训、为子女就学等原因占比较低，分别为0.13%、0.57%，这与其身体健康状况与就业状态等有关（见表2-26）。

表2-26　成都市分离开户口登记地原因的50岁及以上人口结构

离开户口登记地的原因	人数（人）	占比（%）
工作就业	1 631 323	35.19
学习培训	6 250	0.13
随同离开/投亲靠友	279 759	6.03
拆迁/搬家	1 427 605	30.79
寄挂户口	68 383	1.48
婚姻嫁娶	101 689	2.19
照料孙子女	418 625	9.03
为子女就学	26 441	0.57
养老/康养	340 204	7.34

表2-26(续)

离开户口登记地的原因	人数（人）	占比（%）
其他	336 108	7.25
总计	4 636 387	100

（二）分受教育程度人口的原因差异显著

表2-27显示，老年人口受教育程度越高，受工作就业、学习培训、为子女就学驱动而选择离开户口登记地的占比越高，越注重在教育与工作层面的个人与家庭发展。可见老年人口的迁移格局与家庭、经济、社会、自然环境因素紧密相关（万思齐 等，2024）。受教育程度为小学、初中、高中的老年人口，出于各种原因选择离开户口登记地的占比最高。受教育程度为大专及以上的老年人口，文化素质较高，重视个人发展，也更倾向于因学习培训、寄挂户口、为子女就学离开户口登记地。

表2-27 成都市分受教育程度与离开户口登记地原因的50岁及以上人口结构

单位:%

离开户口登记地原因	未上过学	小学	初中	高中	大专及以上
工作就业	12.68	32.47	41.65	32.82	30.56
学习培训	0.13	0.08	0.09	0.17	0.44
随同离开/投亲靠友	13.59	7.65	4.77	5.28	4.07
拆迁/搬家	32.02	30.78	29.23	30.62	36.66
寄挂户口	2.62	1.88	1.29	1.31	0.70
婚姻嫁娶	1.05	1.83	2.44	2.52	2.34
照料孙子女	11.89	10.13	8.48	9.84	5.46
为子女就学	0.31	0.34	0.46	0.71	1.64
养老/康养	16.64	7.38	4.99	8.90	10.55
其他	9.07	7.46	6.60	7.83	7.58
总计	100	100	100	100	100

（三）低龄与高龄老年人行为选择差异显著

随着年龄增加，因养老/康养、随同离开/投亲靠友等离开户口登记地的老年人口占比整体呈现上升态势，因工作就业、婚姻嫁娶等离开户口登记地的老年人口占比整体呈现下降态势。60～69 岁年龄组人口因照料孙子女离开户口登记地的占比较高，为 16.52%（见表 2-28）。可见出于个人身体健康状况与照料需求，年龄越大的老年人口受养老/康养、随同离开/投亲靠友驱动选择离开户口登记地的占比越高。低龄老年人由于个人身体状况相对较好，自理能力较强，出于经济需求与家庭责任，更易受工作就业、照料孙子女等驱动选择离开户口登记地。

表 2-28　成都市分年龄的离开户口登记地原因分布　　单位:%

原因	50～59 岁	60～69 岁	70～79 岁	80～89 岁	90～99 岁	100 岁及以上
工作就业	51.46	28.76	11.60	5.02	3.14	3.32
学习培训	0.15	0.11	0.12	0.11	0.09	0.62
随同离开/投亲靠友	3.31	6.47	9.86	13.13	14.61	10.72
拆迁/搬家	28.47	30.14	36.59	36.71	31.27	29.47
寄挂户口	1.06	1.19	1.93	3.24	5.45	12.76
婚姻嫁娶	2.71	1.82	1.80	1.26	0.51	0.42
照料孙子女	4.50	16.52	13.62	4.10	1.16	0.42
为子女就学	0.80	0.41	0.36	0.18	0.10	0.06
养老/康养	1.21	7.46	15.76	25.95	30.89	22.86
其他	6.33	7.12	8.36	10.30	12.78	19.35
总计	100	100	100	100	100	100

（四）与四川省整体水平存在较强的同构性

成都市 50 岁及以上人口离开户口登记地原因隐含着四川省老年人口整体特征，同时也存在细微差异。具体来看，成都市出于工作就业、拆迁搬家、照料孙子女、养老/康养原因离开户口登记地的人口占比高于四川平均水平，分别为 35.19%、30.79%、9.03%、7.34%。其中，照料孙子女的人口占比居四川省首位。四川省 50 岁及以上人口中，离开户口登记地的原因主要以工作就业、拆迁搬家、养老/康养为主。各市州 50 岁及以上人口中，离开户口登记地的原因主要以工作就业、拆迁搬家为主。受养老/

康养驱动的人口占比最高的前三个地区分别为攀枝花市、乐山市、南充市。受工作就业驱动的人口占比最高的前三个地区分别为广元市、绵阳市、巴中市（见表2-29）。

表2-29 四川省分离开户口登记地
原因的50岁及以上人口分布 单位:%

地区	工作就业	学习培训	随同离开	拆迁/搬家	寄挂户口
四川省	34.70	0.13	6.58	29.43	2.03
成都市	35.19	0.13	6.03	30.79	1.48
自贡市	24.07	0.07	7.64	37.22	2.64
攀枝花市	37.77	0.16	7.86	22.11	1.41
泸州市	35.94	0.14	7.11	27.54	2.51
德阳市	30.52	0.08	6.72	35.31	2.38
绵阳市	39.98	0.06	6.36	24.35	2.16
广元市	43.69	0.11	6.75	19.57	3.47
遂宁市	33.39	0.12	8.22	31.12	3.15
内江市	32.19	0.13	8.38	29.17	2.08
乐山市	25.47	0.07	6.73	34.88	2.46
南充市	39.00	0.18	6.50	26.05	1.81
眉山市	27.04	0.08	6.30	35.69	3.14
宜宾市	33.74	0.09	6.59	32.62	1.89
广安市	36.33	0.08	6.15	27.27	1.61
达州市	38.07	0.24	7.40	27.42	1.72
雅安市	26.12	0.06	5.95	29.24	2.36
巴中市	39.33	0.08	5.15	25.99	2.07
资阳市	38.51	0.07	7.23	25.82	1.89
阿坝州	38.14	0.51	4.95	14.71	2.86
甘孜州	32.50	0.78	3.10	24.70	2.74
凉山州	25.37	0.12	5.68	31.87	2.79

表 2-29（续）

地区	婚姻嫁娶	照料孙子女	为子女就学	养老/康养	其他
四川省	2.55	6.85	0.92	7.21	9.60
成都市	2.19	9.03	0.57	7.34	7.25
自贡市	2.73	5.67	0.95	7.40	11.61
攀枝花市	2.87	5.79	0.95	10.20	10.88
泸州市	2.73	4.88	0.90	6.11	12.14
德阳市	3.43	5.16	0.42	6.13	9.85
绵阳市	2.62	7.17	0.74	7.57	8.99
广元市	2.20	7.14	1.03	6.35	9.69
遂宁市	1.44	6.09	0.48	7.80	8.19
内江市	2.98	6.27	1.12	7.85	9.83
乐山市	4.12	5.28	1.08	9.23	10.68
南充市	1.35	7.38	1.16	8.61	7.96
眉山市	3.06	5.32	0.78	6.08	12.51
宜宾市	3.81	5.71	0.88	5.93	8.74
广安市	1.78	7.05	1.05	8.28	10.40
达州市	1.33	4.47	1.22	6.18	11.95
雅安市	9.91	6.03	1.33	5.96	13.04
巴中市	1.44	7.95	1.83	7.41	8.75
资阳市	1.89	6.14	1.33	7.51	9.61
阿坝州	3.43	5.49	1.24	5.79	22.88
甘孜州	2.67	3.72	1.95	4.98	22.86
凉山州	6.74	3.75	2.41	4.67	16.60

第五节 小结

一、主要结论

本章依托包括第七次全国人口普查数据在内的历次人口普查汇总数据，对成都市老年人口的基本现状及近年来变动趋势进行了描述分析，相关结论如下。

第一，从年龄结构看，成都市 50 岁及以上人口以低龄老年人为主，与四川省其他市州相比高龄老年人占比较高。第二，从性别结构来看，年龄别性别结构存在随年龄增长趋向于不平衡的态势，女性人口占比高于四川省平均水平。第三，从受教育程度来看，人口受教育程度集中在小学、初中与高中，平均受教育年限为 8.63 年，男性受教育程度普遍高于女性，成都市识字率位于四川省首位且存在显著性别差异。第四，从人户分离角度来看，以没有离开户口登记地人口为主体，长期离开户口登记地的人口占比相对较高，分受教育程度的人口流动差异较小，流出人口以低龄老年人为主体，成都市未离开户口登记地的人口占比位于四川省末位，中长期流出人口的占比较高。离开原因集中于工作就业、拆迁搬家与照料孙子女等，分受教育程度人口的原因差异显著，低龄与高龄老年人行为选择差异显著，且与四川省整体水平存在较强的同构性。整体来看，与其他市州相比，成都市已展现出较好的老年人力资源优势，这依托于良好的经济社会基础与政策扶持。

二、政策建议

基于成都市老年人口基本现状，本章提出以下政策建议。

（一）优化人口结构，助推成都市人口高质量发展

优化人口结构，推动实现成都市人口高质量发展，是响应二十届中央财经委员会第一次会议精神，支撑中国式现代化重要一步。在四川省这一省际视域下，成都市较其他市州具有相对良好的人力资源优势、高素质人

才规模与低龄老年人储备，具备推动银发经济发展的客观基础。同时，由于四川省各地区的经济社会发展存在差异性，人口的区域流动性相对较强，进一步优化人口分布与人口结构有助于推动成都市与四川省的人口高质量发展与现代化建设。基于此，提出以下政策建议：第一，为提高区域发展的均衡性，政府在优化人口分布时，应充分考虑四川省与成都市内部各区域的发展现状和潜力，制定有针对性的人口流动政策。第二，为了提高流入人口的留存率，一方面需营造良好的落户政策环境，简化落户手续，为流入人口提供更优质的社会保障；另一方面可针对就近流动的邻近效应与集中特征，提供便利的住房、交通和医疗等公共服务，增强流入人口的居留意愿。第三，为了让流入人口更好地融入社会，一方面，政府可与企业、高校等各类单位合作，共同推动产业发展，创造更多优质的就业岗位；另一方面，需建立健全流入人口的技能培训体系，引导流入人口提升自身技能，增强其为区域发展作出贡献的能力。

（二）完善人口引聚机制，着力优化人才结构

人口是经济发展的基础，成都市应积极利用其人才结构优势，充分把握人才红利。作为四川省内人才资源最为丰富的地区之一，成都市在人口发展新形势下应进一步扬长板、固底板、创新板，以点带面高效发挥区域经济的辐射作用，优化四川省人才结构与产业结构。基于此，提出以下政策建议：第一，打造多元高效的人才支持政策体系。搭建以经济支持、亲职福利与配套服务为主的人才服务框架，切实为人才谋利；第二，实现教育扩容提质，巩固战略后备力量。在新增学位及设施的基础上，促进教育教学优质、特色、均衡发展，统筹推进高等教育分层高质量发展，利用区域优势打造特色学科，促进产学研融合。同时，通过政策与经济吸引，大力引进国内外知识型与技能型人才，打造与成都市经济社会发展相协调的高精尖人才队伍，以加快区域产业结构转型升级；第三，借鉴优秀示范区的经验，加强与国际国内学术组织、科创企业的交流合作，提高科技创新成果转化效率，使创新产出发挥其"落地"经济价值，协同推动区域人口与经济高质量发展。

（三）补齐公共服务发展短板，完善成都市协同发展战略

随着经济社会发展、科技进步与老龄化进程的推进，体量不断增大的

老年人口对于医疗、文化、公共服务等的需求动态变化，经济、社会、资源环境等系统将迎来众多全新的挑战。基于此，提出以下政策建议：第一，优化医疗资源分布，提高医疗服务质量，以满足不断增长与变化的人口需求。政府部门应关注资源分布合理性，提高居民就医满意度。第二，提升文化资源供给质量，关注文化资源的系统性与有效性，增强居民对文化资源的获得感，满足居民多样化的文化需求。第三，建立有效的信息沟通渠道，协调人口系统与公共服务系统之间的关系。通过信息化手段，实现人口与公共服务系统之间的信息共享与互动，解决人口系统需求转变与公共服务系统应对能力之间的脱钩问题。同时，关注人口结构与需求变化，制定相应政策以缩小人口系统质量提升与公共服务系统满足能力之间的差距。政府部门应加强人口系统的结构性变化与公共服务系统的结构性调整的协调，实现速度与效果的同步和协调。

第三章　成都老年人口健康状况
与健康行为

第一节　引言

随着年龄的增长，老年人在社会中获取资源的多少取决于其健康状况，如果伴随寿命而来的是脑力和体力的严重衰退，那么老年人、家庭和社会均将面临严重的负担。自 1987 年世界卫生组织将"健康老龄化的决定因素"作为主要研究课题开始，"健康老龄化"已成为全世界应对人口老龄化发展的重要战略，中共中央、国务院先后印发了《"健康中国2030"规划纲要》《健康中国行动（2019—2030 年）》等重要文件，强调了健康老龄化的重要性。因此，充分认识且有效增进成都市老年人口的健康状况实为积极应对成都市人口老龄化发展的应有之义。

一、健康及健康行为的概念简述

健康的定义经历了从单一生理维度到多维综合理解的转变。早期医学界主要将健康界定为生理机能的正常运转（Larson et al., 1999）。然而，随着社会进步和生活质量的提升，人们对于健康的认知逐渐超越了生理层面，拓展至心理和精神层面。世界卫生组织（2015）将健康定义为"不但没有身体缺陷，还要有完整的生理心理状态和社会适应能力"。随着人口、环境和能源等社会问题的出现，研究者开始强调身体、情绪、智力、精神

41

和社会各个要素平衡发展的健康观。1990 年，世界卫生组织对健康做出了更为全面的定义："一个人在身体、心理、社会适应和道德四个方面皆健全才算健康。"对于健康的本质，不同学者和机构给出了各自独到的见解。法国医生康吉莱姆在其著作《正常与病态》中指出，健康并非可以简单通过统计或机械方式定义，而是一种适应环境的能力。胡贝尔等人在《英国医学期刊》上发表的研究则将健康描述为适应和自我管理的能力（Huber et al.，2011）。恩格尔则认为健康是生物体维持内外平衡的能力，这种平衡使生物体能够避免过度的疼痛、不适、残疾或行动限制（Engel，2015）。沙多利斯则从平衡状态的角度出发，认为健康是个体在内部以及与社会和物理环境之间建立的和谐状态（Sartorius，2006）。

健康行为的概念同样经历了从预防疾病到促进全面健康的演变。最初的健康行为（Kasl et al.，1966）或健康保护行为（Harris et al.，1979）指的是人们可能采取的预防疾病的策略。然而，随着研究的深入，健康行为的焦点逐渐从单纯的行为变化转向对负面健康行为的关注（Cohn，2014）。邦德等人将健康行为定义为一种包含心理和身体两个层面的生活方式，强调了对身体的自我控制、积极态度、健康饮食、体育活动和充足的睡眠等要素（Bond，2004）。他们强调，健康的生活方式应当成为一生的习惯，而不仅仅是因疾病而采取的暂时措施。

二、"健康老龄化"及其重要意义

随着人口老龄化趋势的不断加剧，"健康老龄化"这一理念逐渐受到了社会各界的深切关注。"健康老龄化"概念最早出现于 1987 年 5 月召开的世界卫生大会，2015 年世界卫生组织在《关于老龄化与健康的全球报告》中阐述了健康老龄化的最终要求，即在老龄化社会中，绝大多数老年人能够发展和维持使其自身幸福的能力，并将健康老龄化定义为发展和维护老年健康生活所需要的功能和功能发挥的过程（世界卫生组织，2015）。我国 2017 年出台的《"十三五"健康老龄规划》对健康老龄化的解读与 2015 年世界卫生组织最新健康老龄化框架一致。也就是说，对于老年健康的关注，不能仅仅局限于身体健康这一单一层面，而是需要涵盖心理和社会等更广泛的层面。

更长的人口寿命可以为个体甚至为社会提供更多的发展机会，即适当的社会投资可以为社会创造"第三次人口红利"（Fried，2016）。然而，长寿带来的正向反馈的实现程度将在很大程度上取决于一个关键因素：健康。尽管今天的老年人比上一代老年人的健康状况更好，但如果寿命的延长伴随着身体机能的下降，那么带病生存这一现状也并不会对老年群体自身和社会发展有积极影响；相反，如果人们能够以良好的身体和精神状态去经历额外的寿命，那么个人和社会的发展都将不会受到限制（Fries et al.，2011；Geyer et al.，2022）。也就是说，因人口老龄化而来的老年人健康问题正逐渐成为影响老年人生活质量和社会经济持续发展的挑战（陆杰华，2007）。对于老年人自身来说，健康状况将阻碍其日常活动和社会参与，并对生活质量产生影响（Wilhelmson et al.，2005）；对社会经济发展来说，老年人的健康状况将对社会经济和健康系统产生深远影响，其带来的挑战和压力主要体现在养老保障负担的日益加重、医疗卫生消费支出的迅速增长（Prince et al.，2015），以及老年社会服务需求的不断攀升，甚至引发一系列社会问题（程明梅、杨华磊，2024）。

三、中国老年人口的健康现状

中国的人口老龄化正处于加速发展阶段，体现出老年人口规模庞大、增速迅猛、分布不均的特点，同时伴随着慢性病患病率、人均带病年限、失能率等各项老年人口健康指标的变化（高瑗 等，2018；陆杰华 等，2024）。

随着医疗技术的进步和社会经济的发展，我国人口平均预期寿命持续增长，从 2010 年的 74.83 岁增长至 2020 年的 78.20 岁，但长寿并不必然代表健康。中国老年保健协会常务副会长齐平江指出，我国居民人均预期寿命虽然提升至 78.20 岁，但人均健康预期寿命不到 70 岁，说明老年人平均带病生存时间将近 10 年。

随着年龄的增长，老年人的身体机能出现衰退，成为各类疾病的易感人群。当前中国正经历快速的疾病谱转型，疾病类型从传染性疾病逐渐转变为慢性疾病，而老年人更容易受到慢性疾病的长期影响（Yang et al.，2013）。2018 年中国卫生统计年鉴数据显示，65 岁及以上老年人的慢性疾病患病率约为 86.73%，心脑血管疾病、肿瘤、糖尿病、呼吸系统疾病是患病率最高的四种慢性病，很多老年人呈现多病共存的状态。根据 CHARLS 调查数据，我国老年人群慢性共病率逐渐增加，患有两种及以上慢性疾病的老年人占比从 2011 年的 46.92% 增至 2018 年的 67.96%（陈星霖，2022）。

此外，高龄是失能的重要危险因素（杨付英 等，2016；原温佩 等，2021）。随着人口老龄化程度不断加深以及人口平均预期寿命不断延长，未来我国失能老年人口规模将不断扩大。有学者预测，65 岁及以上失能老年人口规模将由 2020 年的 1 867 万人左右上升至 2050 年的 5 205 万人左右；失能老年人占总人口的比重也将持续上升，2050 年失能老年人口约占老年人口总数的 13.68%（王金营 等，2020）。近几年来老年人口的心理以及精神障碍问题也逐渐增多，据统计，我国 60 岁及以上老年人中 33.10% 有抑郁症状，重症抑郁的患病率约为 5.30%（Wu et al.，2019）。

四、"健康老龄化"的中国实践

面对当前日益严峻的人口老龄化挑战，如何有效提升老年人口的健康状况、实现健康老龄化，已成为我国积极应对人口老龄化所面临的重要挑战。为应对这一挑战，我国政府已采取了一系列重要举措。2016 年，国务院发布了《"健康中国 2030"规划纲要》，旨在全面推进健康中国建设，进而实现国民健康与长寿的宏伟目标。2017 年国家卫生健康委员会联合其他 12 个部门共同制定了《"十三五"健康老龄化规划》，其核心目标在于维护和提升老年人口的健康功能，确保他们能够享有更高质量的生活。2019 年发布的《健康中国行动（2019—2030 年）》特别提出了 15 个重大行动，涵盖了健康知识普及、合理膳食、全民健身、控烟、心理健康促进等多个方面，旨在通过政府、社会、个人的协同推进，建立健全健康教育体系，促进以治病为中心向以健康为中心转变，提高人民健康水平。到 2022 年，《"十四五"健康老龄化规划》则更加具体地提出了促进健康老龄化的主要任务和措施，包括完善身心健康并重的预防保健服务体系、提升老年医疗服务水平、健全居家社区机构相协调的失能老年人照护服务体系等，以促进健康老龄化。老年人口的健康问题是健康中国战略的重要组成部分，是积极应对人口老龄化的重要举措。改善老年人口的健康状况，延长老年人口的健康寿命，促进健康老龄化的发展，对于中国这样一个老年人口规模巨大的国家来说具有重大意义。

为实现健康老龄化目标，深入研究老年人的健康状况与健康行为至关重要。通过充分了解老年人口健康状况的变化趋势，把握老年人口在自评健康状况、慢性疾病及日常活动能力等方面的动态变化，可以使健康老龄化、积极老龄化的推进过程更加合理、高效。本章依托第七次全国人口普查及成都市老龄社会追踪调查数据，对成都市老年人口的健康状况及健康行为进行了详细分析。在健康状况方面，从年龄、性别、婚姻和居住状况四个维度切入，深入剖析了老年人的日常生活活动能力、工具性日常生活活动能力、慢性疾病患病情况以及抑郁状况等健康指标；在健康行为方面，重点关注了老年人的饮酒、吸烟和锻炼身体等行为习惯。通过对多种健康指标进行分析，全面评估成都市老年人口的健康状况与健康行为。

第二节　成都老年人口健康状况——基于普查数据结果

自评健康状况是人们根据自己的身体状况、生活质量以及心理感受进行的一种主观评价，它能较为准确地反映出个人的整体健康状况（Fayers et al.，2002）。在第七次全国人口普查数据中，自评健康状况被划分为"健康""基本健康""不健康，但生活能自理"及"不健康，生活不能自理"四个类别。在第七次全国人口普查数据中，有关老年人口健康问题的调查范围为 60 岁及以上的老年人口，故本章所使用的第七次全国人口普查样本数量与其他章节不同，为 360 314 人。

成都市老年人口的自评健康状况总体较好。表 3-1 展示了老年人自评健康状况的总体分布情况。根据第七次全国人口普查结果，成都市老年人口的自评健康状况主要集中在"健康""基本健康"和"不健康，但生活能自理"这三个类别。具体而言，"健康"和"基本健康"两个类别共占据了老年人群体的92.22%，表明绝大多数老年人自评处于相对良好的健康状态。其中，"健康"的老年人占比63.10%，而"基本健康"的老年人占比则为29.12%。相较之下，自评为"不健康，但生活能自理"的老年人占比为5.75%，而"不健康，生活不能自理"的老年人占比相对较低，为2.03%。这些数据反映出老年人口的整体健康状况相对较好，但仍存在小部分人群在健康和生活自理能力方面面临挑战。

表3-1 老年人自评健康状况总体分布

身体健康状况	人口数	占比/%
健康	227 371	63.10
基本健康	104 932	29.12
不健康，但生活能自理	20 691	5.75
不健康，生活不能自理	7 320	2.03
总计	360 314	100

为了更全面地了解成都市老年人的身体健康状况，本节将从年龄、性别、婚姻状况和居住状况四个重要维度对其进行深入分析。

一、老年人的自评健康状况随着年龄的增长趋于恶化

表3-2展示了老年人分年龄组的自评健康状况分布情况。数据显示，在60~64岁的老年人中，有82.04%的个体自我评价为"健康"，可以看出这一年龄组的老年人整体自评健康状况较为良好。然而，随着年龄的增长，自评健康状况为"健康"的老年人占比逐渐下降，特别是在85岁及以上的老年人中，这一占比显著减少至40%以下。同时，随着年龄的增加，"不健康，但生活能自理"的占比和"不健康，生活不能自理"的占比均呈上升趋势，尤其是在85岁及以上的老年人中，不健康但生活能自理的占比上升至12.42%，而生活不能自理的占比则上升至5.27%，体现了高龄老年人在生活自理能力上正面临严峻挑战。

表 3-2　老年人分年龄组的自评健康状况分布　　　单位:%

年龄组	健康	基本健康	不健康,但生活能自理	不健康,生活不能自理
60~64 岁	82.04	15.76	1.76	0.44
65~69 岁	77.10	19.59	2.67	0.64
70~74 岁	68.37	26.68	4.05	0.90
75~79 岁	58.13	34.32	5.98	1.57
80~84 岁	48.95	39.33	8.87	2.85
85~89 岁	39.59	42.72	12.42	5.27
90~94 岁	31.89	42.17	15.83	10.11
95~99 岁	23.88	38.75	20.71	16.66
100 岁及以上	19.41	35.41	19.30	25.88

注: N＝360 314;第七次人口普查数据仅对年满 60 周岁的受访者的健康状况进行了询问,因此该问题有效本数量较少。该情况也适用于本章涉及第七次全国人口普查健康状况的其他表格,后续不再重复说明。

二、处于不同婚姻状态的老年人自评健康状况存在明显差异

按照婚姻状况将老年人分为"未婚""有配偶""离婚"和"丧偶"四个子群,表 3-3 表现了老年人分婚姻状态的自评健康状况分布情况。其中,有配偶的老年人在"非常健康"和"比较健康"的类别中,分别占68.22%和26.25%,表明有配偶的老年人的自评健康状况较好。丧偶的老年人在这两个类别的总占比为66.76%,略低于有配偶的老年人。离婚的老年人在这两个类别的占比为44.92%和39.69%,显示出相对较差的健康状况。未婚的老年人"非常健康"的占比为38.37%,而"比较健康"的占比最高,为39.59%。由此可见稳定的婚姻关系对于维持老年人身体健康状态的重要性。

表3-3　老年人分婚姻状态的自评健康状况分布　　单位:%

婚姻状况	健康	基本健康	不健康,但 生活能自理	不健康,生活 不能自理
未婚	38.37	39.59	14.77	7.27
有配偶	68.22	26.25	4.26	1.27
离婚	66.76	25.77	5.83	1.64
丧偶	44.92	39.69	10.73	4.66

三、男性和女性老年人自评健康状况存在明显差异

表3-4展示了老年人分性别的自评健康状况分布情况。具体来看,男性在"非常健康"类别中的占比为65.02%,高于女性的61.34%,显示男性在极好的健康状况的自评上略高于女性。在"基本健康"类别中,女性占比为30.59%,略高于男性的27.53%。在"不健康,但生活能自理"类别中男性和女性分别为5.53%和5.94%,在"不健康,生活不能自理"类别中男性和女性分别为1.92%和2.13%。总体来看,在成都市的老年人中,男性在"非常健康"的自评上略高于女性,而女性在"比较健康"类别中的占比稍高。在其他健康状况类别中,性别差异不显著。这反映出在老年人口的自评健康方面,男性和女性之间存在性别差异,男性相比女性可能有较好的健康状况,女性则面临更多健康挑战。

表3-4　老年人分性别的自评健康状况分布　　单位:%

性别	健康	基本健康	不健康,但 生活能自理	不健康,生活 不能自理
男性	65.02	27.53	5.53	1.92
女性	61.34	30.59	5.94	2.13

四、与家庭成员同住的老年人自评健康状况较好

居住安排是影响老年人自评健康状况的关键因素之一(Zhou et al.,2018)。第七次全国人口普查将老年人的居住安排分类为"与配偶和子女

同住""与配偶同住""与子女同住""独居（有保姆）""独居（无保姆）""养老机构"和"其他"七种类别。表3-5展示了老年人分居住状况的自评健康状况分布情况。数据显示，与家庭成员同住的老年人自评健康状况更好。具体来说，与配偶和子女同住的老年人在健康自评上表现最优，其中报告"健康"状态的占比高达71.07%，而认为自己"基本健康"的占比也达到了23.86%，两者合计高达94.93%。与配偶同住和与子女同住的老年人在"健康"与"基本健康"的占比上分别达到了93.14%和87.80%。相比之下，独居（有保姆）的老年人在健康自评上较差，其中"健康"的占比降低至38.70%，而"基本健康"的占比为31.53%，两者合计为70.23%。

此外，独居（有保姆）和养老机构中的老年人在健康状况上呈现出不同的表现。在独居（有保姆）的老年人中，17.32%的老年人自评为"不健康，生活不能自理"，12.45%的老年人自评为"不健康，但生活能自理"；在养老机构的老年人中，29.14%的老年人自评为"不健康，生活不能自理"，16.86%的老年人自评为"不健康，但生活能自理"。这表明独居（有保姆）和养老机构这两类老年人自评健康状况较其他居住状况的老年人而言较差，保姆和养老机构可以为老年人提供一定程度的专业照护。

表3-5 老年人分居住状况的自评健康状况分布　　　　单位：%

居住状况	健康	基本健康	不健康，但生活能自理	不健康，生活不能自理
与配偶和子女同住	71.07	23.86	3.82	1.25
与配偶同住	65.65	28.49	4.72	1.14
与子女同住	53.86	33.94	8.46	3.74
独居（无保姆）	53.55	37.17	8.60	0.68
独居（有保姆）	38.70	31.53	12.45	17.32
养老机构	15.55	38.45	16.86	29.14
其他	61.88	28.53	6.35	3.24

第三节　成都老年人口健康状况与健康行为——基于抽样调查数据结果

一、自评健康状况分析

自评健康状况多为一般，男性及非农业户口者健康状况更佳。表 3-6 展示了老年人分性别和户口的自评健康状况分布情况。调查数据显示，老年人自评健康状况以"一般""好"和"很好"为主。其中，老年人自评健康状况为"一般"的占比最高，达 38.09%，而自评健康状况为"很好"和"好"的占比分别为 18.95% 和 26.58%。相比之下，自评健康状况为"不好"和"很不好"的占比分别为 13.95% 和 2.43%。此外，在自评健康状况为"很好"与"好"的人群中，男性的占比略高于女性，非农业户口者的占比也高于农业户口者。

表 3-6　老年人分性别和户口的自评健康状况分布　　单位:%

类别	全体	男性	女性	农业户口	非农业户口
很好	18.95	20.49	18.15	19.08	19.13
好	26.58	27.95	25.83	22.92	30.34
一般	38.09	37.67	38.38	38.16	37.99
不好	13.95	12.15	14.83	16.65	10.95
很不好	2.43	1.74	2.81	3.19	1.59

注：自评健康分性别卡方检验不显著，分户口卡方检验显著（$P < 0.05$）。

二、日常生活活动能力分析

日常生活活动能力是指老年人在日常生活中自己照料自己的行为能力，综合反映老年人基本日常生活能力状况（Ondrej et al., 2023）。本报告采用洗澡、穿衣、厕所大小便、室内活动、吃饭、控制大小便这 6 项指标，每项分类为"没有困难""有困难但可以完成"和"无法完成，需要帮助" 3 个级别。若受访者在某一项中回答"无法完成，需要帮助"或"有困难但可以完成"，则被视为该项失能；若回答"无困难"，则被视为该项能自理。根据受访者在 6 项日常生活活动能力中的失能情况，将其划分为四个等级：0 项失能被视为完全自理；1~2 项失能被视为轻度失能；3~4 项失能被视为中度失能；5~6 项失能被视为重度失能。表 3-7 展示了老年人分性别与户口的日常生活活动能力分布情况。

（一）超过九成老年人日常生活活动能力完好

表 3-7 显示，约 95% 的老年人日常生活活动能力完好，日常生活可以完全自理。4.39% 的老年人生活自理能力处于轻度失能和中度失能，0.40% 的老年人为重度失能。

（二）失能状况存在性别及户口差异

从表 3-7 中可以看出，老年人的失能状况存在性别及户口差异。男性老年人失能的占比为 3.70%，女性老年人失能的占比为 5.44%，其中，女性轻度失能和重度失能占比高于男性。从户口类型来看，农业户口人群轻度失能、中度失能和重度失能的占比高于非农业户口人群。总体来看，老年女性和农业户口人群面临更为严重的生活不能自理问题，对长期照护的需求尤为紧迫。

表 3-7　老年人分性别与户口的日常生活活动能力分布　　单位:%

日常生活活动能力	全体	男性	女性	农业户口	非农业户口
完全自理	95.21	96.30	94.56	93.99	96.48
轻度失能	3.46	2.29	4.16	4.05	2.85
中度失能	0.93	1.23	0.75	1.30	0.55
重度失能	0.40	0.18	0.53	0.66	0.12

注：卡方检验均不显著。

三、工具性日常生活活动能力分析

工具性日常生活活动能力是评估个人独立生活能力的重要指标（Dunlop et al.，2002），该指标在本次调查中涵盖了 8 项基本活动，包括到邻居家串门、外出买东西、做饭、洗衣服、步行约 100 米、提起大约 10 斤重的东西、连续蹲下三次、爬一层楼的楼梯或台阶。每项活动的完成情况被分为"能""有一定困难"和"不能"3 个级别。如果回答"有一定困难"或"不能",判定为失能;如果回答"能",判定为自理。0 项指标失能,视为功能正常;1~4 项指标失能,视为功能低下;5~8 项指标失能,视为明显功能障碍。表 3-8 展示了老年人分性别和户口的工具性日常生活活动能力分布情况。

(一)近八成老年人工具性日常生活活动能力正常

约 80% 的老年人工具性日常生活活动能力功能正常。表 3-8 显示,77.87% 的老年人工具性日常生活活动能力功能正常,19.68% 老年人功能低下,2.45% 的老年人存在明显功能障碍。男性老年人工具性日常生活活动能力功能正常的占比为 86.12%,高于女性老人的 72.87%。非农业户口老年人工具性日常生活活动能力功能正常的占比为 80.05%,高于农业户口老年人的 75.75%。总体来说,九成以上老年人工具性日常生活活动能力失能项数低于 2 项,表明绝大部分老年人工具性日常生活活动能力基本没有障碍。

(二)老年人工具性日常生活活动能力存在性别及户口差异

从表 3-8 可以看出,女性老年人功能低下和明显功能障碍的占比高于男性老年人,农业户口老年人功能低下和明显功能障碍的占比高于非农业户口老年人,这表明女性老年人和农业户口老年人应该是日常生活辅助服务的重点支持人群。

表 3-8　老年人分性别和户口的工具性日常生活活动能力分布

单位:%

工具性日常生活活动能力	全体	男性	女性	农业户口	非农业户口
完全自理	77.87	86.12	72.87	75.75	80.05
功能低下	19.68	11.95	24.36	21.25	18.06
明显功能障碍	2.45	1.93	2.77	3.00	1.89

注:工具性日常生活活动能力分性别卡方检验显著($P<0.05$),分户口卡方检验不显著。

四、慢性疾病患病情况分析

慢性疾病是当前影响老年人身体健康的重要因素。表3-9展示了老年人分性别和户口的慢性疾病患病率情况。表3-9数据显示，74.51%的老人至少患有一种慢性疾病，总体慢性疾病患病率较高。分性别来看，至少患有一种慢性疾病的男性老年人占71.70%，至少患有一种慢性疾病的女性老年人占比为76.22%。分户口类型来看，农业户口人群至少患一种慢性疾病的占比为74.84%，略高于非农业户口人群（74.16%）。

此外，老年人所患慢性疾病种类在性别与户口上存在差异。表3-9数据显示，老年人最常见的5类慢性疾病为关节炎或风湿病、高血压病、骨质疏松症、血脂异常、糖尿病或血糖升高。分性别看，老年女性患血脂异常、关节炎或风湿病、骨质疏松症的占比高于老年男性；男性老年人患有高血压病、糖尿病或血糖升高的占比高于女性老年人。分户口类型来看，农业户口老年人患关节炎或风湿病、高血压病的占比高于非农业户口老年人；非农业户口老年人糖尿病或血糖升高、骨质疏松症的患病率高于农业户口老年人。

表 3-9　老年人分性别和户口的慢性疾病患病率情况　　单位：%

慢性疾病类型	全体	男性	女性	农业户口	非农业户口
关节炎或风湿病	33.88	23.34	40.34	38.31	29.28
高血压病	32.65	35.30	31.01	33.29	31.98
骨质疏松症	23.47	15.17	28.60	23.03	23.91
血脂异常	21.29	18.98	22.73	21.30	21.28
糖尿病或血糖升高	16.39	18.32	15.20	15.60	17.20
胃部或其他消化系统疾病	13.90	8.74	17.06	13.80	14.00
白内障或青光眼	12.95	8.92	15.44	13.47	12.42
心脏病	8.72	7.85	9.25	7.49	9.97
肝脏疾病	7.51	7.19	7.70	7.57	7.44
慢性肺部疾病	6.56	8.29	5.51	7.29	5.82

表3-9（续）

慢性疾病类型	全体	男性	女性	农业户口	非农业户口
肾脏疾病	4.22	5.08	3.69	4.38	4.06
癌症等恶性肿瘤	2.06	1.57	2.36	1.96	2.16
老年痴呆或帕金森症	0.99	1.22	0.85	1.04	0.94
中风	0.86	0.87	0.85	1.18	0.54
其他	9.54	9.14	9.79	11.22	7.84

注：患有关节炎或风湿病分性别和分城乡卡方检验显著（ $P<0.05$ ），慢性肺部疾病、白内障或青光眼、以及骨质疏松症分性别卡方检验显著（ $P<0.05$ ），其余卡方检验均不显著。

五、抑郁水平分析

调查通过了解老年人过去一周内的心理感受来评估其抑郁水平，具体采用了包含10个项目的量表，其中两个项目为反向计分。每个项目的得分范围为0~3分，将反向题转换后，总分介于0~30分之间。若得分达到或超过10分，则被视为存在高抑郁风险。经过统计，该量表的内部一致性系数为0.76，显示出较高的可靠性。

表3-10展示了不同人口社会特征老年人的抑郁得分水平。调查数据显示，约17.00%的受访老年人抑郁水平较高，而83.00%的老年人的抑郁状况处于正常范围。老年人的平均抑郁得分为5.37分。进一步细分发现，男性为4.48分，女性为5.91分，显示出女性相较于男性在抑郁得分上更高。从户口类型来看，农业户口人群的平均抑郁得分为5.82分，非农业户口人群为4.53分，这说明农业户口人群可能面临更多的心理压力和抑郁情绪。此外，受教育程度也与抑郁得分呈现一定的关联。总体而言，文盲和小学未毕业群体平均抑郁得分显著高于其他群体，分别达到7.26和6.56分；高中/中专文化水平群体平均抑郁得分最低，仅为4.24分。

表 3-10　不同人口社会特征老年人的抑郁得分

具体类别		平均值
分性别	男性	4.48
	女性	5.91
分户口类型	农业户口	5.82
	非农业户口	4.53
分受教育程度	文盲	7.26
	小学未毕业	6.56
	小学	5.51
	初中	5.12
	高中/中专	4.24
	大专及以上	4.57

注：独立样本 t 检验均显著（$P<0.05$）。

六、健康行为分析

本章统计了吸烟、饮酒、身体锻炼等与老年健康存在重要关系的健康行为。根据调查数据可以计算出成都地区老年群体中的吸烟状况，包括吸过烟、当前吸烟以及曾吸烟但已戒烟的占比，其中曾吸烟者定义为那些至今仍保持吸烟习惯或已戒烟的个体。表 3-11 展示了老年人分性别的健康行为情况分布。

表 3-11　老年人分性别的健康行为情况分布　　　　单位:%

具体类别		全体	男性	女性
吸烟 （N=1 515）	从来不吸烟	71.42	30.96	96.17
	已经戒烟	10.23	23.47	2.13
	现在仍然吸烟	18.35	45.57	1.70
饮酒 （N=1 513）	每月超过一次	16.85	35.07	5.66
	每月少于一次	12.83	15.63	11.10
	什么都不喝	70.32	49.30	83.24

表3-11（续）

具体类别		全体	男性	女性
锻炼身体 （N=1 518）	经常	77.87	78.05	77.75
	偶尔	15.28	14.98	15.47
	从不	6.85	6.97	6.78

注：吸烟、饮酒与性别的卡方检验显著（ $P<0.05$ ），锻炼身体与性别的卡方检验不显著。

（一）男性老年群体吸烟和饮酒占比显著超过女性老年群体

女性老年群体从事不健康行为（吸烟、饮酒）的比率远低于男性。数据显示，老年人的吸烟率为18.35%，曾经吸烟率为28.58%，戒烟率为35.80%；而老年女性的吸烟率相对较低，老年男性的吸烟率显著高于老年女性。具体而言，男性老年人现在仍然吸烟的占比高达45.57%，这一数字几乎是女性老年人吸烟率（1.70%）的27倍。在戒烟率方面，男性老年人的占比为34.01%，女性老年人则为55.56%。另外，男性老年人中不吸烟的占比为30.96%，而女性老年人中不吸烟的占比则高达96.17%。

在饮酒习惯方面，老年女性的饮酒率低于男性。根据调查中对"在过去的一年，您喝酒吗？"这个问题的回答结果，可以判断老年人的饮酒情况。表3-11的数据显示，饮酒频率为"每月超过一次"的老年人占16.85%，"每月少于一次"的老年人占比为12.83%，有70.32%的老年人"什么都不喝"。按性别划分，男性每月饮酒超过一次的占比为35.07%，约为女性的6倍；男性饮酒但每月少于一次的占比为15.63%，比女性高出4.53个百分点；女性完全不饮酒的占比为83.24%，约为男性的2倍。

（二）老年人锻炼身体行为普遍

关于老年人的锻炼习惯，根据他们对"您过去一年是否经常锻炼身体？"的回答，可以判断老年人的锻炼情况。表3-11数据显示，经常锻炼身体的老年人占77.87%，偶尔锻炼身体的老年人占15.28%，从不锻炼身体的老年人占比为6.85%，表明老年人锻炼身体的健康行为较为普遍。按性别分析，经常锻炼身体的女性老年人占比为77.75%，男性老年人占比为78.05%；偶尔锻炼身体的女性老年人占比为15.47%，男性老年人占比为14.98%；从不锻炼身体的女性老年人占比为6.78%，男性老年人占比为6.97%。

第四节 小结

一、主要结论

本章依托第七次全国人口普查及成都市老龄社会追踪调查数据，对老年人的自评健康、日常生活活动能力、慢性疾病患病情况、心理健康状况以及日常健康行为进行了详尽分析，相关结论如下。

根据人口普查数据可知，成都市老年人的自评健康状况总体较好，随着年龄的增长，自评健康状况良好的占比逐渐下降。处于不同婚姻状态的老年人自评健康状况存在明显差异，有配偶的老年人自评健康状况普遍优于未婚、离婚或丧偶的老年人。此外，男性和女性老年人自评健康状况存在明显差异。最后，与家庭成员同住的老年人自评健康状况较好，其中与配偶和子女同住的老年人在健康自评上表现最优。

根据成都市老龄社会追踪调查数据可得到以下结论：第一，成都市老年人自评健康状况多为一般，男性及非农业户口者健康状况更佳。第二，超过九成老年人日常生活活动能力完好，老年女性和农业户口人群面临更为严重的生活不能自理问题。第三，近八成老年人工具性日常生活活动能力正常，女性老年人和农业户口老年人功能低下和明显功能障碍的占比更高。第四，老年人患慢性疾病占比高，所患疾病种类在性别与户口上存在差异。第五，老年人抑郁水平与性别、户口及受教育程度相关，约17%的受访老年人抑郁水平较高。第六，老年人锻炼身体行为普遍，男性老年群体吸烟和饮酒占比显著超越女性老年群体。

二、政策建议

基于以上结论，本章对进一步促进成都市老年人口的健康状况与健康行为发展提出以下政策建议。

（一）强化居家与机构照护服务的协同发展

为应对人口老龄化带来的挑战，建议政府积极支持居家（社区）照护服务，并同步促进机构照护服务的发展。具体而言，应鼓励社区、机构为失能老年人家庭提供家庭照护者培训和"喘息"服务，同时组织志愿者为居家失能老年人提供照护服务。此外，鼓励社会力量利用社区配套或闲置用房设立护理站，为失能老年人提供居家健康服务。进一步地，社区卫生服务中心应与合作机构共同提升照护功能，增设护理床位或护理单元，为居家老年人提供短期及临时照护服务。同时，支持医养结合机构扩大服务范围，将照护服务延伸至社区和家庭。此外，建立专区或社区照护点，重点关注老年痴呆患者的照护需求。

（二）深化老年人心理关爱服务

为提升老年人心理健康水平，建议完善精神障碍类疾病的早期预防与干预机制，扩大老年人心理关爱行动的覆盖范围。针对老年人常见的抑郁、焦虑等心理问题，开展心理健康状况评估、早期识别和随访管理，并提供心理辅导、情绪纾解等心理关怀服务。鼓励心理学相关学科专业的院校、心理咨询机构等开通老年人心理援助热线，并加强基层社会心理服务平台建设，以提升老年人心理健康服务能力。

（三）丰富老年健康教育内容

为树立积极的老龄观，建议全社会开展人口老龄化国情教育，引导老年人将"维护机体功能，保持自主生活能力"作为健康目标。普及老年健康知识，包括营养膳食、运动健身、心理健康、疾病预防等，并强化家庭在健康管理中的首要地位。此外，针对失智老年人的特殊需求，开展关爱失智老年人的社会宣传与公共教育活动，并提升老年人对健康信息的获取、识别和使用能力。

（四）完善老年人预防保健服务体系

依托疾病预防控制机构和医疗卫生机构，构建三级预防体系，加强对老年人常见慢性病和神经退行性疾病的早期筛查与管理。推动老年人高发恶性肿瘤的早期筛查与早诊早治，实施老年口腔健康行动和营养改善行动。同时，开展失能（智）预防与干预工作，减少老年人失能（智）的发生。此外，建立老年人突发公共卫生事件应急处置机制，并加快无障碍环境建设和住宅适老化改造。

（五）提高医养结合服务供给质量

为满足老年人对医养结合服务的需求，建议合理规划、建设和改建医养结合机构，支持养老机构设置医疗卫生机构，并纳入医保定点范围。鼓励社会资本进入医养结合领域，推动建设高质量、可负担的医养结合机构。同时，提升医养结合信息化水平，发展智慧医养结合服务，并开展医养结合机构服务质量提升行动，确保老年人享受优质高效的医疗服务与养老服务。

（六）推动体卫融合

为提升老年人的生活质量，建议加强城乡社区、医养结合机构的健身设施建设，并推广适合老年人的体育健身项目。将运动干预纳入老年人慢性病防控与康复方案，并发挥老年人体育协会的作用，指导老年人科学健身，组织开展适合老年人的赛事活动。

第四章　成都老年人口社会经济地位与劳动参与行为

第一节　引言

社会经济地位是影响老年人生活质量与晚年福祉的重要因素；劳动参与行为是影响老年人主要生活来源及社会经济地位的重要因素，也是老年人积极进行社会参与的重要方式。老年人的社会经济地位与劳动参与行为与我国老年社会保障制度、退休制度及老年人力资源开发政策紧密相关。首先，本章基于第七次全国人口普查长表数据展现成都市老年人劳动参与行为以及主要生活来源；其次，基于抽样调查数据分析成都市老年人社会经济地位及劳动参与行为；最后，在两者基础上，对成都市老年人社会经济地位及其劳动参与行为的基本情况进行汇总，并提出优化二者的相关政策建议。

一、社会经济地位

社会经济地位通常被定义为一个人在社会结构中的相对经济和社会地位。社会经济地位包括客观和主观两个维度，客观社会经济地位强调个体对社会资源的实际获取及占有状况，主观经济地位强调个体主观层面的感知，即个体对其所处社会层级中的认同（张鹏辉 等，2024）。客观社会经济地位的测量指标，目前大多采用收入水平、职业声望、受教育程度或综合指标来衡量（王淑燕 等，2023）。

收入水平可以指月薪、报酬、利润、租金和其他任何所得；收入还可以包括失业补偿或工人补偿、社会保障、养老金、利息或红利、版税、信托、赡养费或其他来自政府、公众、家庭的财务援助。受教育程度是与个体的生活方式、行为和心理倾向最紧密相关的维度（Stephens et al.，2007），并对收入有直接影响。职业声望体现了个体的收入和受教育程度，该指标主要依赖人们对职业的社会知觉，以及对各类职业进行的评价（李强 等，2009）。除了单独的社会经济地位测量指标，研究者也使用综合的社会经济地位指标测量（李春玲，2005）。主观社会经济地位是个体对自身客观社会经济地位的主观反映，最典型的评估就是要求被试者标出他们所属的社会阶层，如上层、中等、下层（Hoebel et al.，2017）。

社会经济地位这一指标在当前的社会中扮演着重要角色，影响着政策制定、社会福利、教育和就业机会等方面。首先，社会经济地位反映了社会中资源的分配和机会的不平等程度。人们关注这一指标是为了评估社会是否具有公平和正义，以及是否存在对弱势群体的不公平待遇。其次，社会经济地位往往决定了人们的发展机会和生活条件。人们会关注社会经济地位，以便了解自己所处的位置，评估个人和群体的发展潜力，以及制定相应的发展规划和策略。最后，社会经济地位的不平等可能会导致社会内部的紧张和不稳定。因此，社会经济地位的价值一直以来在各学科、各领域获得广泛的认可，政府、社会团体和研究机构均会关注社会经济地位，以便采取相应的政策和措施来促进经济发展和社会稳定。

根据近几次全国人口普查的结果，我国老年人的收入来源有限，主要为养老金和家庭成员供养。这些收入来源往往难以应对日益上涨的生活成本和医疗保健费用，并有可能进一步诱发老年贫困现象，造成老年人生活质量下降，社会不稳定因素增加。我国老年人在社会经济地位方面具有一定的脆弱性，这一状况在农村地区尤为突出（乔晓春 等，2005）。更为重要的是，社会经济地位已被证实对老年人晚年健康水平等特征具有重要影响，并可能加剧老年群体间的社会不平等（王甫勤，2012）。

同时，老年人的收入结构和水平对其消费行为具有重要影响，并与银发经济发展密切相关。老年人的消费需求从生存型和必需型逐渐转向享乐型和参与型，恩格尔系数明显下降（金牛 等，2024）。中国老龄科学研究中心的预测数据显示，中国老年人口消费潜力在 2050 年将至少达到 40.69 万亿元，占 GDP 的 12.2%（党俊武 等，2022）。近年来，发展银发经济已经成为我国发展的重大战略举措。2019 年《国家积极应对人口老龄化中长期规划》提出发展银发经济；2021 年"十四五"规划提出"发展银发经济，开发适老化技术和产品，培育智慧养老等新业态"；2024 年，国务院办公厅印发《关于发展银发经济增进老年人福祉的意见》，这是我国首次出台以"银发经济"为主题的专项政策。银发经济涉及多方主体，其中老年人群体是大力发展银发经济的重要基础。老年人拥有稳定的经济来源，才能更好地实现消费结构的转型升级，并带动银发经济的发展。

二、劳动参与行为

劳动参与指的是老年人过去一年从事为获取报酬或经营收入所进行的活动，包括受雇劳动、自雇劳动、灵活就业、务农等多种形式。从微观层面来看，劳动参与是个体获取收入、满足生活需求的重要手段，与个人社会经济地位紧密相关。从宏观层面来看，劳动参与的水平和结构可以反映一个国家或地区的劳动力市场情况，并进一步反映该国家或地区的经济发展水平、个人发展机会和社会稳定程度等信息。较高的劳动参与率通常意味着充分利用了劳动力资源，有利于促进经济增长和创造就业机会，可以减少失业和社会不稳定的风险，有助于维护社会的和谐与稳定。通过分析劳动参与率，也可以了解到不同人群的就业状况、劳动力市场的结构和性质，为政府和企业制定相应的政策和策略提供参考。

改革开放以来，我国经济社会发展取得举世瞩目的成就，这其中很重要的一部分原因是我国劳动人口的年轻化及较高的劳动参与率。研究结论显示，劳动供给对经济发展的贡献率占比达四分之一左右（张秀武 等，2018）。然而，经过 40 多年快速增长，我国人口规模增速开始持续减缓，劳动年龄人口增长率逐渐下降，尤其是 2014 年以来一直处于负增长（陈蓉 等，2018）。依靠人口数量形成的红利时代已经过去，伴随而来的是劳动力结构老化，大规模的老年劳动力退出生产劳动，劳动参与率下滑，形成劳动力短缺的现象。

在这一背景下，老年人的劳动参与成为值得关注的现象。第七次全国人口普查数据显示，中国 60 岁及以上人口超过 2.6 亿人，其中 60~69 岁的低龄老年人口占 55.83%。这些低龄老年人中，很多在身体、技术、经验等方面具有一定优势，再就业潜力大。然而，我国低龄老年人力资源的开发和利用效率仍然较低。从城乡差异来看，在退休政策、社会保障制度等因素的影响下，大量农村地区的低龄老年人仍在持续工作，具备持续就业能力的部分城镇地区的低龄老年人则缺乏相应的就业激励，并受到就业相关制度的制约。从地区差异来看，社会经济发展水平较高的地区虽然可以提供更丰富的就业渠道，但由于低龄老年人的受教育程度和技能水平相对较低，难以适应劳动力市场环境的快速变化和激烈竞争，因而现阶段低龄老年人的工作质量和收入水平较低，流动低龄老年人还面临社会关系断裂、家庭照料负担、社会融入困难等问题，需要更多的社会支持和帮助。在产业结构落后的欠发达地区，低龄老年人的就业渠道和机会较少，主要集中在种植业和低端服务业等行业。从性别差异来看，相较于男性，女性低龄老年人受现行社会制度局限性的影响，仍未能充分发挥自己的劳动潜力和价值（宋月萍 等，2024）。

职业周期的延长，不仅是老年人口继续参与社会的方式变革，也是创造社会财富的过程拓展。推动老年人力资本向消费资本转型升级，一定程度上可以拓宽银发经济市场销售份额，并缓解数量型人口红利的下行压力，实现社会价值。2021 年通过的《中共中央、国务院关于加强新时代老龄工作的意见》明确指出，"把积极老龄观、健康老龄化理念融入经济社会发展全过程""把老有所为同老有所养结合起来，完善就业、志愿服务、社区治理等政策措施，充分发挥低龄老年人作用"。利用和开发好低龄老年人力资源，既能够更加充分地发挥长期积累的人力资本优势，最大限度地提高社会人力资源的利用效率，有利于缓解劳动力规模缩减给经济发展带来的压力，又能够增加老年人社会参与机会，提升老年人家庭收入，维持老年人"老有所用"的价值感。

第二节 成都老年人口劳动参与总体形势——基于普查数据结果

一、劳动参与基本情况

（一）超四成老年人目前有劳动参与；男性劳动参与比重高于女性

第七次全国人口普查对年满 15 周岁受访者的上周工作情况（指调查时点前一周，即 2020 年 10 月 25 日—2020 年 10 月 31 日）进行了调查。受访者的劳动参与具体分为三种情况，即上周有进行工作、上周未进行工作但保留工资（包括在职休假、在职学习培训、临时停工等情况）、以及目前未工作。根据学界对劳动参与的定义，将前两种情况合并归类为有劳动参与，将第三种情况定义为无劳动参与。表 4-1 显示，成都市老年人中有劳动参与的比重为 42.86%，无劳动参与的比重为 57.14%。分性别来看，男性和女性老年人劳动参与比重分别为 54.42% 和 31.66%，男性劳动参与比重明显高于女性。

表 4-1 老年人劳动参与情况 单位:%

劳动参与情况	全体 （N=851 969）	男性 （N=419 307）	女性 （N=432 662）
有劳动参与	42.86	54.42	31.66
无劳动参与	57.14	45.58	68.34
总计	100	100	100

（二）低年龄组老年人劳动参与比重更高；男性 50~64 岁年龄组、女性 50~54 岁年龄组劳动参与比重更高

分年龄组来看，高年龄组老年人劳动参与比重低于低年龄组老年人。表 4-2 显示，老年人群体中，50~54 岁年龄组劳动参与比重最高，为 76.51%；80 岁及以上年龄组劳动参与比重最低，为 3.59%；60 岁及以上各年龄组的劳动参与比重相对较低。

表 4-2　分年龄组的劳动参与情况　　　　单位:%

劳动参与情况	50~54 岁	55~59 岁	60~64 岁	65~69 岁	70~74 岁	75~79 岁	80 岁及以上
有劳动参与	76.51	60.71	44.65	22.21	17.34	10.25	3.59
无劳动参与	23.49	39.29	55.35	77.79	82.66	89.75	96.41
总计	100	100	100	100	100	100	100

　　法定退休年龄与老年人的劳动参与行为紧密相关；由于我国法定退休年龄存在性别差异，因此进一步分别考察男性和女性老年人中年龄与劳动参与的关系。表 4-3 显示，无论是哪个年龄组，男性劳动参与比重均高于女性。此外，男性老年群体中，65 岁及以上各年龄组相对于 50~64 岁各年龄组，劳动参与比重明显较低；女性老年群体中，55 岁及以上各年龄组相对于 50~54 岁年龄组，劳动参与比重明显较低。大致来看，对于成都市老年人口，65 岁和 55 岁分别为男性和女性不再进行劳动参与的年龄分水岭，体现出法定退休年龄的一定影响。

表 4-3　分年龄组和性别的劳动参与比重　　　　单位:%

劳动参与比重	50~54 岁	55~59 岁	60~64 岁	65~69 岁	70~74 岁	75~79 岁	80 岁及以上
男	87.26	79.33	63.92	28.54	21.59	12.99	4.91
女	65.34	42.12	26.26	16.14	13.54	7.65	2.40

（三）健康状况好的老年人劳动参与比重更高

　　良好的健康状况是劳动参与的重要基础。表 4-4 显示，健康状况好的老年人劳动参与比重更高；健康或基本健康的老年人劳动参与比重接近 17% 和 12%，而不健康的两组老年人劳动参与比重仅为 4% 和 1% 左右。

表 4-4　分健康状况的劳动参与情况　　　　单位:%

劳动参与情况	健康	基本健康	不健康，但生活能自理	不健康，生活不能自理
有劳动参与	16.91	11.72	4.17	0.75
无劳动参与	83.09	88.28	95.83	99.25

表4-4(续)

劳动参与情况	健康	基本健康	不健康,但生活能自理	不健康,生活不能自理
总计	100	100	100	100

注:N=473 014。

（四）受教育程度为初中的老年人劳动参与比重最高

受教育程度与老年人可能从事的行业及其从业年龄规定紧密相关。表4-5显示,未上过学的老年人劳动参与比重最低,为14.06%;其次是小学和高中的老年人,劳动参与比重分别为37.11%和38.03%;受教育水平为大专及以上和初中的老年人劳动参与比重最高,分别为50.59%和50.80%。上述结果说明受教育程度与劳动参与的关联较为复杂,但是总体而言大多数的劳动参与岗位需要一定程度的知识文化水平支撑。

表4-5　分受教育程度的劳动参与情况　　　　单位:%

劳动参与情况	未上过学	小学	初中	高中	大专及以上
有劳动参与	14.06	37.11	50.80	38.03	50.59
无劳动参与	85.94	62.89	49.20	61.97	49.41
总计	100	100	100	100	100

二、工作单位类型

（一）工作单位类型为企业、事业、机关或社会团体等法人单位的老年人比重最高；女性在上述单位工作的比重略低于男性

第七次全国人口普查对年满15周岁,且上周进行了劳动参与的受访者的主要工作单位类型进行了调查,具体划分为四类工作单位类型,分别为企业、事业、机关或社会团体等法人单位,个体经营户,自由职业/灵活就业和经营农村家庭承包地（家庭农林牧渔生产经营活动）。表4-6显示,工作单位类型为企业、事业、机关或社会团体等法人单位的成都市老年人比重最高,为40.78%。其次是自由职业/灵活就业,比重为25.48%。工作类型为个体经营户和经营农村家庭承包地（家庭农林牧渔生产经营活

动）的比重相对较少，分别为17.48%和16.26%。总体而言，约四成老年人从事正式部门的非农工作，而其他六成老年人的工作相对较为灵活，还有部分老年人仍在从事农业生产。

进一步比较男性和女性老年人的工作单位类型分布，男性在各类法人单位中就业的和从事自由职业/灵活就业的比重都高于女性，而经营农村家庭承包地的比重明显更低。相对而言，女性老年人从事的工作更为初级，也更可能属于非正式部门。

表4-6　在业老年人的工作单位类型　　　　　单位:%

工作单位类型	全体 （N=356 062）	男 （N=222 370）	女 （N=133 682）
企业、事业、机关或社会团体等法人单位	40.78	43.18	36.78
个体经营户	17.48	16.01	19.92
自由职业/灵活就业	25.48	27.94	21.39
经营农村家庭承包地（家庭农林牧渔生产经营活动）	16.26	12.87	21.91
总计	100	100	100

（二）低年龄组老年人从事非农业工作的比重更高

表4-7显示，年龄与工作单位类型有一定的关联性。对于50~54岁、55~59岁和60~64岁的老年人来说，其最主要的工作单位类型均为企业、事业、机关或社会团体等法人单位，分别为47.62%、42.17%和40.92%；自由职业/灵活就业的比重基本居于第二位，个体经营户的比重基本居于第三位；比重最低的工作单位类型均为经营农村家庭承包地，分别为7.58%、12.5%和17.25%。而65岁及以上年龄组的老年人中，经营农村家庭承包地这一工作单位类型的比重逐步提高，分别为37.86%、55.4%、68.82%和70.88%，而其他类型的比重逐步下降。这一结果说明，高年龄组老年人从事农业工作的比重更高，而从事正式部门工作的可能性在降低。

表4-7 分年龄组的工作单位类型　　　单位:%

工作单位类型	50~54岁	55~59岁	60~64岁	65~69岁	70~74岁	75~79岁	80岁及以上
企业、事业、机关或社会团体等法人单位	47.62	42.17	40.92	22.97	13.69	6.81	6.32
个体经营户	20.39	17.91	15.25	12.17	9.22	6.73	6.22
自由职业/灵活就业	24.41	27.43	26.58	26.99	21.68	17.64	16.57
经营农村家庭承包地（家庭农林牧渔生产经营活动）	7.58	12.49	17.25	37.87	55.41	68.82	70.89
总计	100	100	100	100	100	100	100

综合考察性别和年龄（见表4-8，表4-9），男性、女性老人工作单位类型差异不大，均体现为未达法定退休年龄老年人以各法人单位为主要工作单位类型，而高年龄组老年人以经营农村家庭承包地为主要工作单位类型；性别差异主要在于出现明显差异的年龄组不同，男性是65~69岁相对于60~64岁组，女性是55~59岁相对于50~54岁组，这主要是由于男性的法定退休年龄高于女性。

表4-8 男性工作单位类型　　　单位:%

工作单位类型	50~54岁	55~59岁	60~64岁	65~69岁	70~74岁	75~79岁	80岁及以上
企业、事业、机关或社会团体等法人单位	47.20	45.07	46.63	25.90	16.57	8.18	7.24
个体经营户	18.57	16.01	13.73	12.76	10.15	7.79	6.89
自由职业/灵活就业	28.44	30.10	27.86	30.03	24.13	18.68	16.25
经营农村家庭承包地（家庭农林牧渔生产经营活动）	5.79	8.82	11.78	31.31	49.15	65.35	69.62
总计	100	100	100	100	100	100	100

表4-9　女性工作单位类型　　　　　　　　　　　单位:%

工作单位类型	50~54岁	55~59岁	60~64岁	65~69岁	70~74岁	75~79岁	80岁及以上
企业、事业、机关或社会团体等法人单位	47.05	35.31	26.42	17.17	9.35	4.78	5.73
个体经营户	22.67	21.18	18.29	11.08	7.80	4.91	4.62
自由职业/灵活就业	20.16	24.06	25.32	22.95	18.93	16.54	18.30
经营农村家庭承包地（家庭农林牧渔生产经营活动）	10.12	19.45	29.97	48.80	63.92	73.77	71.35
总计	100	100	100	100	100	100	100

（三）健康与工作单位类型存在一定关联

表4-10显示，健康状况好的老年人，在各类法人单位中就业的比重最高，个体经营户和自由职业/灵活就业的比重也较高，而经营农村家庭承包地的比重相对较低。

表4-10　分健康状况的工作单位类型　　　　　　单位:%

工作单位类型	健康	基本健康	不健康，但能自理	不健康，且不能自理
企业、事业、机关或社会团体等法人单位	19.88	9.46	6.77	12.00
个体经营户	11.32	7.47	4.99	8.00
经营农村家庭承包地（家庭农林牧渔生产经营活动）	44.40	62.60	68.05	48.00
自由职业/灵活就业	24.40	20.47	20.19	32.00
总计	100	100	100	100

（四）老年人受教育程度越高，在各类法人单位就业的比重越高

老年人因受教育程度不同而导致就业工作单位的差异较为明显'（见表4-11）。受教育程度由低到高的各组，在各类法人单位工作的比重亦呈由低到高分布（分别为17.24%，24.34%，35.39%，56.41%和85.42%）；

与之相反，工作单位类型为经营农村家庭承包地的比重则基本呈由高到低分布（分别为 46.71%，29.01%，14.62%，4.18% 和 0.24%）。此外，大专及以上学历者集中于法人单位就业，且个体经营户和自由职业/灵活就业的比重明显低于其他年龄组。总体而言，受教育程度越高，在正式部门工作、从事非农业工作的比重就越高。

表 4-11　分受教育程度的工作单位类型　　　　　单位:%

工作单位类型	未上过学	小学	初中	高中	大专及以上
企业、事业、机关或社会团体等法人单位	17.24	24.34	35.39	56.41	85.42
个体经营户	10.15	15.57	20.79	20.79	8.32
经营农村家庭承包地（家庭农林牧渔生产经营活动）	46.72	29.01	14.62	4.18	0.24
自由职业/灵活就业	25.89	31.08	29.20	18.62	6.02
总计	100	100	100	100	100

三、工作强度

（一）老年人上周工作小时数以 40~59 小时为主；男性老年人工作强度稍高于女性老年人

周工作小时数是对工作强度的衡量；国际劳工组织将每周工作达 20 小时视为非全职工作（part-time job），将每周工作达 40 小时视为全职工作（full-time job）。第七次全国人口普查针对上周有劳动参与的受访者调查了上周工作小时数，答案为 1 到 100 之间的整数。目前有劳动参与的成都市老年人群体中，周工作时间在 40~59 小时的占比最多，为 65.49%；周工作时间在 80~100 小时的占比最小，为 2.66%（见表 4-12）。上周工作小时数均值为 45.38 小时。结果显示，大部分老年人的工作强度较高，达到全职工作的标准。

表 4-12　老年人上周工作小时数　　　　　单位:%

上周工作小时数（小时）	全体（N = 356 062）	男（N = 222 370）	女（N = 133 682）
0~19	7.04	6.31	8.26
20~39	11.49	9.88	14.18
40~59	65.49	67.06	62.89
60~79	13.32	14.04	12.09
80~100	2.66	2.71	2.58
总计	100	100	100

分性别来看，男性老年人上周工作小时数稍长于女性老年人（见表 4-12）；男性和女性上周平均工作小时数分别为 46.14 和 44.1。男性上周工作时间为 40~59、60~79 小时、80~100 小时的比重均稍高于女性。

（二）低年龄组老年人工作强度更高，性别差异主要体现在 65 岁及以上各年龄组中

分年龄组来看，每周工作 40~59 小时在各年龄段中都比重最高（除 80 岁及以上年龄组）；低年龄组老年人工作强度稍高于高年龄组老年人（见表 4-13）。

表 4-13　分年龄组的上周工作小时数　　　　　单位:%

上周工作小时数（小时）	50~54 岁	55~59 岁	60~64 岁	65~69 岁	70~74 岁	75~79 岁	80 岁及以上
0~19	5.41	6.29	6.86	10.45	14.44	19.33	24.86
20~39	7.07	9.88	12.41	21.65	30.21	36.66	37.54
40~59	69.88	67.39	65.68	54.33	45.66	36.98	32.16
60~79	14.84	13.76	12.44	10.69	7.72	5.60	4.59
80~100	2.80	2.68	2.61	2.88	1.97	1.43	0.85
总计	100	100	100	100	100	100	100

综合考察性别和年龄（见表 4-14、表 4-15），男性老年人和女性老年人的上周工作时间均集中在 40~59 小时。女性的劳动强度低于男性，主要

体现在 65 岁以上各年龄组，每周工作时间为 0~19 小时的人数占比更高。

表 4-14 男性上周工作小时数 单位:%

上周工作小时数（小时）	50~54 岁	55~59 岁	60~64 岁	65~69 岁	70~74 岁	75~79 岁	80 岁及以上
0~19	5.11	5.49	5.96	8.88	12.53	17.44	22.5
20~39	6.22	8.17	9.63	18.61	27.21	34.76	37.19
40~59	70.13	69.24	68.96	57.05	49.11	39.85	34.11
60~79	15.73	14.41	12.83	12.22	8.76	6.29	5.26
80~100	2.81	2.69	2.62	3.24	2.39	1.66	0.94
总计	100	100	100	100	100	100	100

表 4-15 女性上周工作小时数 单位:%

上周工作小时数（小时）	50~54 岁	55~59 岁	60~64 岁	65~69 岁	70~74 岁	75~79 岁	80 岁及以上
0~19	5.82	7.78	8.94	13.10	17.14	22.37	29.21
20~39	8.26	13.09	18.86	26.84	34.49	39.72	38.19
40~59	69.53	63.91	58.08	49.69	40.76	32.36	28.54
60~79	13.60	12.55	11.53	8.11	6.24	4.48	3.38
80~100	2.79	2.67	2.59	2.26	1.37	1.07	0.68
总计	100	100	100	100	100	100	100

（三）健康状况好的老年人工作强度更高

健康状况良好的老年人上周工作时间更长。表 4-16 显示，健康老年人上周工作时间为 40 小时或以上的比重达 63.65%；基本健康老年人这一比重为 46.54%；不健康但生活能自理老年人这一比重为 38.59%。上述结果均体现了不同健康状况老年人的工作强度差异。

表 4-16 分健康状况的上周工作小时数　　　单位:%

上周工作小时数 （小时）	健康	基本健康	不健康，但生活能自理
0~19	11.73	18.92	24.24
20~39	24.62	34.54	37.17
40~59	51.53	38.40	31.47
60~79	9.68	6.31	5.46
80~100	2.44	1.83	1.66
总计	100	100	100

注：不健康且生活不能自理组人数过少，表格未包含相关结果。

（四）各受教育程度老年人上周工作时间均集中在 40~59 小时

分受教育程度来看，各受教育程度老年人上周工作时间均集中在 40~59 小时内（见表 4-17）。此外，受教育程度越高，这一占比也越高；例如，大专及以上学历的老年人，上周工作时间为 40~59 小时的占比接近九成。上周结果一定程度上体现出，受教育程度越高，工作越具有正规性，周工作时间越体现为较为固定的区间。

表 4-17 分受教育程度的上周工作小时数　　　单位:%

上周工作小时数 （小时）	未上过学	小学	初中	高中	大专及以上
0~19	13.87	9.48	6.67	4.96	3.82
20~39	24.02	17.43	10.86	6.11	3.52
40~59	48.12	56.49	63.35	73.96	87.71
60~79	11.52	13.77	15.93	12.40	4.37
80~100	2.47	2.83	3.19	2.57	0.58
总计	100	100	100	100	100

四、未工作原因

（一）老年人主要由于离退休而未从事劳动参与；女性因料理家务而未从事劳动参与的比重高于男性

第七次全国人口普查询问了目前未从事劳动参与受访者未工作的原

因，包括离退休、料理家务、丧失工作能力、在校学习和其他。成都市老年人主要未工作原因是离退休，比重为58.77%；其次为料理家务，为20.48%；其他原因的比重为13.87%；丧失工作能力比重最低，为6.88%（见表4-18）。分性别来看，离退休作为未从事劳动参与原因在男性和女性老年人群体中差异不大，比重分别为60.72%和57.51%；但是女性由于料理家务而未从事劳动参与的比重为27.38%，是女性未从事劳动参与的第二大原因，显著高于男性9.82%的比重。

表4-18 老年人未从事劳动参与原因　　　　　　单位:%

原因	全体 （N=486 780）	男 N=191 119	女 N=295 661
离退休	58.77	60.72	57.51
料理家务	20.48	9.82	27.38
丧失工作能力	6.88	8.44	5.87
其他	13.87	21.02	9.24
总计	100	100	100

注：因"在校学习"而未从事劳动参与的老年人数较少，与"其他"类别合并，下同。

（二）60岁及以上老年人主要因离退休而未从事劳动参与，50～59岁老年人主要因料理家务而未从事劳动参与

分年龄组来看（见表4-19），离退休是各年龄组老年人未从事劳动参与的最主要原因，在55～59岁、60～64岁、65～69岁、70～74岁、75～79岁、80岁及以上年龄组中，离退休均为各原因中的最高比重，其中在65～69岁年龄组中比重最高，高达74.41%。对于50～54岁和55～59岁年龄组的老人来说，因料理家务而未工作的比重明显较高，分别为51.03%和36.56%。

表4-19 分年龄组的未从事劳动参与原因　　　　　　单位:%

原因	50～ 54岁	55～ 59岁	60～ 64岁	65～ 69岁	70～ 74岁	75～ 79岁	80岁 及以上
离退休	10.82	39.64	56.72	74.41	71.50	71.23	67.63
料理家务	51.03	36.56	25.05	14.19	13.73	10.10	5.70

表4-19(续)

原因	50～54岁	55～59岁	60～64岁	65～69岁	70～74岁	75～79岁	80岁及以上
丧失工作能力	3.51	2.94	2.68	3.13	5.72	9.79	18.28
其他	34.64	20.86	15.55	8.27	9.05	8.88	8.39
总计	100	100	100	100	100	100	100

综合考察性别和年龄（见表4-20和表4-21），达到法定退休年龄的男性和女性老年人均主要因离退休而未从事劳动参与。对于男性来说，50～54岁和55～59岁年龄组未从事劳动参与的主要原因为其他，比重分别为73.42%和52.90%；60岁及以上各年龄组男性未从事劳动参与的原因的主要原因为离退休，比重分别为43.54%、77.77%、74.41%、74.33%和72.08%。对于女性来说，除50～54岁年龄组女性未从事劳动参与的主要原因是料理家务（比重为64.03%），其余年龄段的女性未参加工作的主要原因均为离退休，比重分别为47.21%、62.87%、71.66%、69.14%、68.47%和63.73%。此外，表中数据体现出，女性因料理家务而未参加工作的比重大于男性，在各年龄组都体现较为明显。

表4-20　男性未从事劳动参与原因　　　　单位:%

原因	50～54岁	55～59岁	60～64岁	65～69岁	70～74岁	75～79岁	80岁及以上
离退休	2.06	18.41	43.54	77.77	74.41	74.33	72.08
料理家务	17.01	21.43	16.84	7.79	8.14	6.26	3.83
丧失工作能力	7.51	7.26	5.45	3.97	6.36	9.63	16.22
其他	73.42	52.90	34.17	10.47	11.09	9.78	7.87
总计	100	100	100	100	100	100	100

表4-21　女性未从事劳动参与原因　　　　单位:%

原因	50～54岁	55～59岁	60～64岁	65～69岁	70～74岁	75～79岁	80岁及以上
离退休	14.18	47.21	62.87	71.66	69.14	68.47	63.73

表4-21（续）

原因	50~54岁	55~59岁	60~64岁	65~69岁	70~74岁	75~79岁	80岁及以上
料理家务	64.03	41.95	28.88	19.42	18.26	13.52	7.35
丧失工作能力	1.99	1.42	1.38	2.45	5.19	9.92	20.08
其他	19.80	9.42	6.87	6.47	7.41	8.09	8.84
总计	100	100	100	100	100	100	100

（三）不健康老年人更可能由于丧失工作能力而未从事劳动参与

分健康状况考察（见表4-22），离退休仍是各类健康状况老年人未参加工作的主要原因，但对于健康状况为"不健康，但生活能自理"和"不健康，生活不能自理"的老年人而言，丧失工作能力也是重要的未从事劳动参与原因，占比分别达37.51%和43.06%。

表4-22　分健康状况的未从事劳动参与原因　　　单位:%

原因	健康	基本健康	不健康，但生活能自理	不健康，生活不能自理
离退休	77.28	65.98	47.38	49.39
料理家务	11.41	11.82	6.89	0.98
丧失工作能力	3.14	12.50	37.51	43.06
其他	8.17	9.70	8.22	6.57
总计	100	100	100	100

（四）受教育程度低的老年人更可能由于料理家务和丧失工作能力而未从事劳动参与

分受教育程度考察，离退休均是各受教育程度老年人未从事劳动参与的主要原因（见表4-23），且受教育水平越高，该原因的比重越高。尤其是对于受教育程度为未上过学和小学的受访者来说，因料理家务和丧失工作能力而未从事劳动参与的比重较高，分别为17.21%和24.24%、24.88和10.95%。结合前文老年人受教育程度越高越可能在正式部门就业的发现可以猜测，这一结果同样与工作单位类型的差异紧密相关，即在正式部门就业更可能受到离退休的影响。

表4-23　分受教育程度的未从事劳动参与原因　　　单位:%

原因	未上过学	小学	初中	高中	大专及以上
离退休	42.56	50.45	55.91	76.99	84.27
料理家务	17.21	24.24	25.24	10.95	5.83
丧失工作能力	24.88	10.95	3.18	1.19	0.44
其他	15.35	14.36	15.67	10.87	9.46
总计	100	100	100	100	100

五、主要生活来源

（一）劳动收入是老年人最主要的生活来源；女性以家庭其他成员供养为主要收入来源的比重高于男性

第七次全国人口普查询问受访者当前主要生活来源，共包括七个类别：劳动收入、离退休金/养老金、最低生活保障金、失业保险金、财产性收入、家庭其他成员供养和其他。表4-24显示，成都市老年人主要生活来源以劳动收入为主，比重为42.05%，其次是离退休金/养老金，为34.83%；家庭其他成员供养的比重也较高，达16.12%。分性别来看，男性老年人生活来源以劳动收入为主要生活来源，比重为53.85%；其次是离退休金/养老金，比重为28.49%。女性老年人以离退休金/养老金为主要生活来源，比重为40.98%；其次是劳动收入，比重为30.60%；家庭其他成员供养的比重也较高，达22.22%。总体来说，男性老年人以劳动收入为主要生活来源的比重更高，女性老年人受家庭其他成员供养的比重更高。

表4-24　老年人主要生活来源　　　单位:%

主要生活来源	全体 （N=851 969）	男性 （N=419 307）	女性 （N=432 662）
劳动收入	42.05	53.85	30.60
离退休金/养老金	34.83	28.49	40.98

表4-24(续)

主要生活来源	全体 (N=851 969)	男性 (N=419 307)	女性 (N=432 662)
最低生活保障金	1.11	1.34	0.89
失业保险金	0.13	0.16	0.09
财产性收入	0.91	1.10	0.74
家庭其他成员供养	16.12	9.83	22.22
其他	4.85	5.23	4.48
总计	100	100	100

（二）达到法定退休年龄老年人以劳动收入为主要生活来源的比重较低而以离退休金/养老金为主要生活来源的比重较高

分年龄组来看（见表4-25），50~64岁各年龄组的主要生活来源以劳动收入为主，65岁及以上各年龄组以离退休/养老金为主。相对而言，高年龄组老年人以劳动收入、失业保险金、财产性收入为主要生活来源的比重逐渐降低，而以离退休金/养老金、最低生活保障金、家庭其他成员供养为主要生活来源的比重逐渐增加。

表4-25 分年龄组的主要生活来源　　　单位:%

主要生活来源	50~ 54 岁	55~ 59 岁	60~ 64 岁	65~ 69 岁	70~ 74 岁	75~ 79 岁	80 岁 及以上
劳动收入	76.56	60.40	44.17	20.62	15.12	8.21	2.72
离退休金/养老金	2.58	15.99	31.84	60.16	62.48	67.08	67.02
最低生活保障金	0.45	0.67	0.77	1.36	1.84	2.05	2.17
失业保险金	0.34	0.16	0.09	0.00	0.01	0.01	0.00
财产性收入	1.41	1.26	1.01	0.47	0.51	0.42	0.27
家庭其他成员供养	13.03	16.22	17.03	13.55	15.76	18.02	23.78
其他	5.63	5.30	5.09	3.84	4.28	4.21	4.04
总计	100	100	100	100	100	100	100

同时分年龄和性别对主要生活来源进行分析（见表4-26、表4-27），可知50~64岁主要生活来源以劳动收入为主，65岁及以上各年龄组以离退休/养老金为主，与总体情况一致；而女性的主要生活来源变化更早，在60岁左右出现明显的变化。上述性别差异更多是体现不同的法定退休年龄的影响。此外，女性靠家庭其他成员供养的比重各年龄段类似，而男性中的这一比重体现为较明显的随年龄上涨。

表4-26　男性分年龄组的主要生活来源　　　　单位:%

主要生活来源	50~54岁	55~59岁	60~64岁	65~69岁	70~74岁	75~79岁	80岁及以上
劳动收入	87.65	79.50	63.98	26.99	19.41	10.73	3.77
离退休金/养老金	0.25	3.58	15.14	57.13	61.14	67.85	70.73
最低生活保障金	0.57	0.82	0.92	1.72	2.31	2.49	2.51
失业保险金	0.28	0.30	0.18	0.01	0.00	0.00	0.00
财产性收入	1.42	1.66	1.46	0.52	0.57	0.48	0.30
家庭其他成员供养	4.23	8.22	12.13	9.57	11.96	14.03	18.60
其他	5.60	5.92	6.19	4.06	4.61	4.42	4.09
总计	100	100	100	100	100	100	100

表4-27　女性分年龄组的主要生活来源　　　　单位:%

主要生活来源	50~54岁	55~59岁	60~64岁	65~69岁	70~74岁	75~79岁	80岁及以上
劳动收入	65.02	41.34	25.26	14.48	11.31	5.83	1.74
离退休金/养老金	5.01	28.37	47.79	63.07	63.68	66.36	63.68
最低生活保障金	0.33	0.51	0.63	1.01	1.42	1.63	1.87
失业保险金	0.39	0.02	0.01	0.00	0.01	0.01	0.00
财产性收入	1.40	0.85	0.57	0.42	0.45	0.37	0.25
家庭其他成员供养	22.18	24.21	21.69	17.38	19.15	21.79	28.45

表4-27（续）

主要生活来源	50~54岁	55~59岁	60~64岁	65~69岁	70~74岁	75~79岁	80岁及以上
其他	5.67	4.70	4.05	3.64	3.98	4.01	4.01
总计	100	100	100	100	100	100	100

（三）健康状况好的老年人，以劳动收入或离退休金/养老金为主要生活来源的比重更高

健康状况好的老年人，以劳动收入或离退休金/养老金为主要生活来源的比重更高。表4-28显示，健康状况由高到低的四组老年人以二者为主要生活来源的比重分别为81.72%，71.20%，51.95%和53.13%。这一结果与前文健康状况好与劳动参与比重高的发现一致。

此外，健康状况为"不健康，但生活能自理"和"不健康，生活不能自理"的老年人，以家庭其他成员供养为主要生活来源的比重明显更高，均超过了30%；依赖最低生活保障金为主要生活来源的比重也明显较高，均超过了5%。

表4-28　分健康状况的主要生活来源　　　　单位:%

主要生活来源	健康	基本健康	不健康，但生活能自理	不健康，生活不能自理
劳动收入	15.39	9.56	2.96	0.60
离退休金/养老金	66.33	61.64	48.99	52.53
最低生活保障金	1.01	2.30	6.46	5.86
失业保险金	0.00	0.01	0.01	0.00
财产性收入	0.45	0.39	0.33	0.15
家庭其他成员供养	13.19	21.42	36.36	34.17
其他	3.63	4.68	4.89	6.69
总计	100	100	100	100

（四）受教育程度高的老年人以劳动收入或离退休金/养老金为主要生活来源的比重更高

分受教育程度来看（见表4-29），受教育程度越高，以劳动收入或离退休金/养老金为主要生活来源的比重就越高，以家庭其他成员供养或最低生活保障金为主要生活来源的比重就越低。上述结果同样印证前文老年人受教育程度越高越可能在正式部门就业的结论，受教育程度越高的老年人越有可能自食其力，并且不太可能需要最低生活保障金的支持。

表4-29　分受教育程度的主要生活来源　　　　单位:%

主要生活来源	未上过学	小学	初中	高中	大专及以上
劳动收入	12.61	35.56	50.38	37.73	50.37
离退休金/养老金	38.31	34.22	28.29	47.92	41.64
最低生活保障金	4.78	1.80	0.63	0.37	0.11
失业保险金	0.01	0.08	0.16	0.18	0.13
财产性收入	0.45	0.74	1.06	1.04	0.99
家庭其他成员供养	37.37	22.13	14.56	8.72	3.75
其他	6.47	5.47	4.92	4.04	3.01
总计	100	100	100	100	100

第三节　成都老年人口社会经济地位与劳动参与行为
——基于抽样调查数据结果

一、劳动参与基本情况

（一）约四分之一老年人目前有劳动参与；男性劳动参与比重高于女性

成都市老年人中，24.41%目前有劳动参与，75.59%目前无劳动参与；分性别来看，男性劳动参与比重高于女性，男性为32.99%，女性为19.17%。

（二）达到法定退休年龄老年人劳动参与比重显著低于未达到法定退休年龄组

从分年龄组的劳动参与情况来看（见图4-1），老年人中，年龄越高，劳动参与比重越低，且达到退休年龄人群劳动参与比重显著下降。男性群体中，50~59岁年龄组的劳动参与比重达74.42%，60~69岁年龄组的劳动参与比重仅为27.01%，70岁及以上年龄组的劳动参与比重仅为15.68%，与未达法定退休年龄群体有较大的差异。女性群体中，50~59岁年龄组的劳动参与比重与60~69岁年龄组的劳动参与比重差异较男性更小（分别为30.54%和17.66%），而70岁及以上年龄组的劳动参与比重为8.43%。分年龄组情况下不同性别劳动参与比重的较大差异，可能与女性群体由于较低的法定退休年龄而更早退出劳动力市场有关。

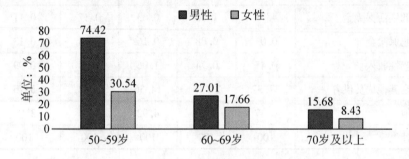

图4-1　分年龄组与性别的劳动参与比重

注：卡方检验显著（$P<0.05$）。

（三）农业户口老年人劳动参与比重相对较高

农业和非农业户口的老年人劳动参与状况存在差异。总体而言，农业户口老年人劳动参与比重高于非农业户口，农业户口为31.78%，非农业户口为16.82%。数据体现出，农业户口的老年人更多参与非正式部门的工作，这些工作可能更加具有灵活性，就业门槛较低。

在男性和女性群体中（见图4-2），农业户口老年人与非农业户口老年人劳动参与比重差异最大的年龄组分别为60~69岁和50~59岁，一定程度上体现了正式部门相关退休制度的影响。

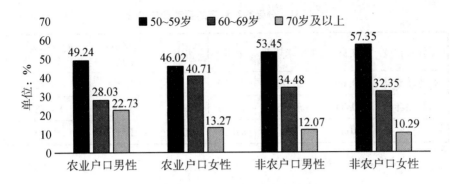

图 4-2　分户口类型与性别的劳动参与比重

注：卡方检验显著（ $P<0.05$ ）。

（四）自评健康状况较好的老年人劳动参与比重相对较高

分自评健康状况来看（见表 4-30），自评健康状况为很好和好的老年人劳动参与比重最高，分别为 35.07% 和 25.50%；自评健康状况为很不好的老年人劳动参与比重最低，为 13.51%。总体而言，自评健康状况越高，老年人参与劳动的可能性越高。

表 4-30　分自评健康状况的劳动参与情况　　单位:%

自评健康状况	很好	好	一般	不好	很不好
有劳动参与	35.07	25.50	19.72	22.64	13.51
无劳动参与	64.93	74.50	80.28	77.36	86.49
总计	100	100	100	100	100

注：卡方检验显著（ $P<0.05$ ）。

（五）受教育程度较低的老年人劳动参与比重相对较高

分受教育程度来看（见表 4-31），初中的老年人劳动参与比重最高，为 29.78%；其次是高中/中专毕业，为 24.71%；大专/本科毕业及以上的老年人劳动参与比重最低，为 16.82%。总体而言，受教育程度较低的老年人劳动参与比重较高。

表 4-31 分受教育程度的劳动参与情况 单位:%

受教育程度	文盲	小学未毕业	小学	初中	高中/中专毕业	大专/本科毕业及以上
有劳动参与	19.66	20.75	21.60	29.78	24.71	16.82
无劳动参与	80.34	79.25	78.40	70.22	75.29	83.18
总计	100	100	100	100	100	100

注:卡方检验显著（$P<0.05$）。

二、工作类型

（一）老年人工作类型以务农为主；工作类型分布存在性别差异

抽样调查将当前工作类型分为十个类别，具体如表 4-32 所示。结果显示，成都市老年人当前工作类型中，务农人员比重最高，为 28.57%；其次是商业、服务业工作人员，为 15.36%；专业技术人员的占比最低，为 0.81%。虽然抽样调查的范围为整个成都市，其城镇化率在 2023 年已达到 80.5%，但是可以发现农业工作仍在在业受访者中占据了不小的比重。从工作类型的性别差异来看，男性老年人中灵活就业人员与自由职业者的比重显著高于女性老年人（分别为 14.74% 和 9.94%），而男性老年人中商业、服务业工作人员的比重显著低于女性老年人（分别为 10.53% 和 20.44%）。

表 4-32 分性别的在业老年人工作类型 单位:%

工作类型	全体（N=371）	男性（N=190）	女性（N=181）
国家机关、企事业单位等组织负责人	9.97	11.05	8.84
专业技术人员	0.81	1.58	0.00
一般办事人员	7.01	8.42	5.52
商业、服务业工作人员	15.36	10.53	20.44
个体户	7.01	6.84	7.18
生产制造、运输设备操作人员	13.21	11.58	14.92

表4-32（续）

工作类型	全体 （N=371）	男性 （N=190）	女性 （N=181）
务农人员，如农/林/牧/副/渔/ 林业从业者	28.57	30.00	27.07
灵活就业人员与自由职业者	12.40	14.74	9.94
保姆、护工等受雇于个人和家庭 的人员	1.35	1.05	1.66
社区内偏公益性质工作	4.31	4.21	4.43
总计	100	100	100

注：不符合卡方检验条件（部分单元格 n<5）。

（二）低年龄组老年人从事非农业工作的比重更高

表4-33 显示，不同年龄组老年人在工作类型方面存在一定差异。50~59 岁老年人中商业、服务业工作人员，以及务农人员的比重最高，均为 17.11%；60~69 岁和 70 岁及以上老年人中都是务农人员比重最高（分别为 33.60% 和 54.24%）。总体而言，50~59 岁年龄组从事非农业工作的比重更高，而 60 岁及以上年龄组从事农业工作的比重较高。

表 4-33　分年龄组的工作类型　　　　单位:%

就业类型	50~59 岁	60~69 岁	70 岁及以上
国家机关、企事业单位等组织负 责人	10.16	10.40	8.47
专业技术人员	0.00	1.60	1.69
一般办事人员	9.09	4.80	5.08
商业、服务业工作人员	17.11	17.60	5.08
个体户	9.09	5.60	3.39
生产制造、运输设备操作人员	16.04	11.20	8.47
务农人员，如农/林/牧/副/渔/ 林业从业者	17.11	33.60	54.24
灵活就业人员与自由职业者	14.97	11.20	6.78
保姆、护工等受雇于个人和家庭 的人员	2.14	0.80	0.00

表4-33(续)

就业类型	50~59岁	60~69岁	70岁及以上
社区内偏公益性质工作	4.29	3.20	6.80
总计	100	100	100

注：不符合卡方检验条件（部分单元格 n<5）。

（三）农业户口老年人从事农业工作的比重更高

表4-34 显示，农业户口老年人中务农人员比重最高（39.18%），而非农业户口老年人中国家机关、企事业单位等组织负责人，以及商业、服务业工作人员的比重最高（均为 17.46%）。

表4-34　分户口类型的工作类型　　　　　单位:%

就业类型	农业户口	非农业户口
国家机关、企事业单位等组织负责人	6.12	17.46
专业技术人员	0.41	1.59
一般办事人员	4.08	12.70
商业、服务业工作人员	14.29	17.46
个体户	7.35	6.35
生产制造、运输设备操作人员	12.65	14.29
务农人员，如农/林/牧/副/渔/林业从业者	39.18	7.94
灵活就业人员与自由职业者	12.24	12.70
保姆、护工等受雇于个人和家庭的人员	1.22	1.59
社区内偏公益性质工作	2.46	7.92
总计	100	100

注：不符合卡方检验条件（部分单元格 n<5）。

（四）自评健康状况不好的老年人从事农业工作的比重更高

表4-35 显示，自评健康状况为"不好或很不好"的老年人，从事农业工作的比重明显高于其他组，达 47.17%。这一结果或可解释为农业工作对从业者的健康没有严格的约束限制，或者解释为务农群体即使自评健康状况较差，仍然需要继续劳动以获取收入。

表 4-35　分自评健康状况的老年人工作类型　　　　单位:%

工作	很好	好	一般	不好或很不好
国家机关、企事业单位等组织负责人	9.90	10.68	12.29	3.77
专业技术人员	0.00	1.94	0.00	1.89
一般办事人员	4.95	7.77	10.53	1.89
商业、服务业工作人员	16.83	11.65	17.54	15.09
个体户	6.93	9.71	5.26	5.66
生产制造、运输设备操作人员	11.88	14.56	16.67	5.66
务农人员,如农/林/牧/副/渔/林业从业者	24.75	28.16	23.68	47.17
灵活就业人员与自由职业者	14.85	11.65	10.53	13.21
保姆、护工等受雇于个人和家庭的人员	1.98	0.00	1.74	1.89
社区内偏公益性质工作	7.93	3.88	1.75	3.77
总计	100	100	100	100

注:自评健康状况为"不好""很不好"的两组人数较少,故进行合并处理。不符合卡方检验条件(部分单元格 n<5)。

(五)受教育程度与工作类型存在一定联系

表 4-36 比较了不同工作类型的平均受教育年限。其中,专业技术人员的平均受教育年限最高,达 12 年;其次是国家机关、企事业单位等组织负责人和一般办事人员,分别为 10.78 年和 10.15 年;务农人员和家庭雇工的平均受教育年限最低,分别为 5.77 年和 6.6 年。结果显示,受教育程度与工作类型有较强联系,受教育程度较高的老年人就业更偏向专业技术和机关单位等工作类型。

表 4-36　老年人工作类型与受教育年限、上周平均工作小时数

就业类型	受教育年限(年)	周平均工作小时数(小时)
国家机关、企事业单位等组织负责人	10.78	32.60

表4-36(续)

就业类型	受教育年限（年）	周平均工作小时数（小时）
专业技术人员	12.00	22.01
一般办事人员	10.15	37.45
商业、服务业工作人员	9.35	45.33
个体户	8.65	60.76
生产制造、运输设备操作人员	7.71	45.96
务农人员，如农/林/牧/副/渔/林业从业者	5.77	39.68
灵活就业人员与自由职业者	8.34	46.38
保姆、护工等受雇于个人和家庭的人员	6.60	55.53
社区内偏公益性质工作	7.68	43.05

注：受教育年限与工作类型、周平均工作小时数与工作类型的 Anova 检验均显著（ $P<0.05$ ）。

三、工作强度

（一）老年人工作强度较高；男性老年人工作强度高于女性老年人

老年人的工作强度较高，周平均工作小时数为 43 小时，周平均工作小时数超过 40 小时（即全职工作）的老年人比重接近一半（见表4-37）。男性老年人周工作小时数高于女性老年人，周平均工作小时数超过 40 小时的老年人比重分别为 55.69%和 40%，存在较大差异。

表 4-37　老年人周工作小时数　　　　　单位:%

周工作小时数	全体（N＝322）	男（N＝167）	女（N＝155）
20 小时及以下	21.43	15.57	27.74
20～40 小时	30.43	28.74	32.26
40 小时及以上	48.14	55.69	40.00
总计	100	100	100

注：卡方检验显著（ $P<0.05$ ）。

（二）低年龄组老年人工作强度更高

低年龄组老年人工作强度相对更高。50～59 岁、60～69 岁和 70 岁及以上年龄组周平均工作小时数分别为 43.60、42.67 和 41.83 小时。周平均工作小时数超过 40 小时的老年人比重分别为 52.69%、42.71% 和 41.03%（见表 4-38）。

表 4-38　分年龄组的周工作小时数　　　　单位:%

周工作小时数	50~59 岁	60~69 岁	70 岁及以上
20 小时及以下	16.67	29.17	23.08
20~40 小时	30.64	28.12	35.89
40 小时及以上	52.69	42.71	41.03
总计	100	100	100

注：卡方检验显著（P < 0.05）。

（三）不同户口类型老年人工作强度差异不大

农业和非农业户口老年人周平均工作小时数分别为 42.69 和 43.56 小时，数值比较接近。根据表 4-39，农业户口老年人周平均工作小时数超过 40 小时的比重相对非农业户口也更高。然而，卡方检验结果显示户口类型与工作强度的关联性并不强。

表 4-39　分户口类型的周工作小时数　　　　单位:%

周工作小时数	农业户口	非农业户口
20 小时及以下	19.14	25.66
20~40 小时	29.67	31.86
40 小时及以上	51.19	42.48
总计	100	100

注：卡方检验不显著。

（四）受教育程度高的老年人工作强度稍低

根据表 4-40，受教育程度为高中/中专和大专及以上的老年人，周平均工作小时数达到 40 小时的比重分别为 37.29% 和 20.00%，明显低于受教育程度更低的老年人。受教育程度由低到高的老年人周平均工作小时数平均值分别 40.48、56.88、43.31、43.2、37.58 和 31.06 小时，依旧体现出受教育程度高的老年人工作强度稍低的特点。

表4-40　分受教育程度的周工作小时数　　　　　单位:%

周工作小时数	文盲	小学未毕业	小学	初中	高中/中专	大专及以上
20小时及以下	21.05	5.56	14.55	24.64	25.42	40.00
20~40小时	26.32	41.67	29.09	24.64	37.29	40.00
40小时及以上	52.63	52.77	56.36	50.72	37.29	20.00
总计	100	100	100	100	100	100

注：不符合卡方检验条件（部分单元格 n<5）；周平均工作小时数与受教育程度的 Anova 检验显著。

（五）个体户工作强度最高

老年人群体中，个体户的工作强度最高，周平均工作小时数达60.76小时；其次是家庭雇工，达55.53小时（见表4-36）。相对而言，国家机关、企事业单位等组织负责人、专业技术人员和一般办事人员等偏向正式部门的工作类型工作强度低于其他工作类型，周平均工作小时数分别为32.60、22.01和37.45小时。

四、劳动收入

（一）大多数老年人全年劳动收入低于5万元；男性老年人全年劳动收入高于女性老年人

老年人整体年收入水平一般。过去一年劳动收入[1]在1万元及以下和2~5万元的比重较高，分别为36.26%和41.36%；10万元及以上的比重最低，为2.27%（见表4-41）。男性老年人全年劳动收入高于女性老年人，女性全年劳动收入1万元及以下和1~2万元（不含2万元）的比重高于男性（分别为41.52%和31.32%，12.28%和5.49%），而其他收入组的比重均低于男性。

---

[1] 指劳动与经营性收入之和，其中劳动收入是指劳动者通过劳动获得的各种报酬，经营性收入是指纳税人通过经常性的生产经营活动而取得的收益。

表 4-41　老年人全年劳动收入情况　　　　单位:%

全年劳动收入	全体 （N = 353）	男 （N = 182）	女 （N = 171）
1 万元及以下	36. 26	31. 32	41. 52
1~2 万元（不含 2 万元）	8. 78	5. 49	12. 28
2~5 万元（不含 5 万元）	41. 36	46. 15	36. 26
5~10 万元（不含 10 万元）	11. 33	14. 29	8. 19
10 万元及以上	2. 27	2. 75	1. 75
总计	100	100	100

注: 卡方检验显著（ $P < 0.05$ ）。

（二）低年龄组老年人全年劳动收入更高

表 4-42 显示，50~59 岁年龄组全年劳动收入在 1 万元及以下的比重最低（19.19%），60~69 岁年龄组比重居中（47.71%），70 岁及以上年龄组比重最高（83.02%）。与此同时，全年劳动收入 1~2 万元、2~5 万元、5~10 万元三个类别，在 50~59 岁、60~69 岁、70 岁及以上年龄组的比重基本呈由高到低排列。总体而言，低年龄组老年人全年劳动收入高于高年龄组。

表 4-42　分年龄组的全年劳动收入情况　　　　单位:%

全年劳动收入	50~59 岁	60~69 岁	70 岁及以上
1 万元及以下	19. 19	47. 71	83. 02
1~2 万元（不含 2 万元）	9. 60	7. 34	7. 55
2~5 万元（不含 5 万元）	52. 02	35. 78	7. 55
5~10 万元（不含 10 万元）	17. 17	5. 50	1. 88
10 万元及以上	2. 02	3. 67	0. 00
总计	100	100	100

注: 不符合卡方检验条件（部分单元格 n<5）。

（三）农业户口老年人全年劳动收入低于非农业户口老年人

表 4-43 显示，农业户口老年人全年劳动收入低于非农业户口老年人。农业户口老年人全年劳动收入 1 万元及以下的比重高于非农业户口老年人

（42.24%和24.79%），而处于其他更高收入区间的比重均低于非农业户口老年人。

表4-43 分户口类型的全年劳动收入情况 单位:%

全年劳动收入	农业户口	非农业户口
1万元及以下	42.24	24.79
1~2万元（不含2万元）	7.76	10.74
2~5万元（不含5万元）	40.09	43.80
5~10万元（不含10万元）	8.19	17.36
10万元及以上	1.72	3.31
总计	100	100

注：卡方检验显著（$P < 0.05$）。

（四）自评健康状况较好的老年人全年劳动收入水平更高

表4-44显示，自评健康状况较好的老年人全年劳动收入水平更高。自评健康状况为"很好"或"好"的老年人全年劳动收入水平差异不大，但自评健康状况为"不好或很不好"的老年人，全年劳动收入处于1万元及以下的比重最高（43.48%），而处于10万元及以上的比重最低（0.00%）。

表4-44 分自评健康状况的全年劳动收入情况 单位:%

全年劳动收入	很好	好	一般	不好或很不好
1万元及以下	36.73	32.29	34.26	43.48
1~2万元（不含2万元）	5.10	7.29	12.04	13.04
2~5万元（不含5万元）	43.88	40.63	41.67	39.13
5~10万元（不含10万元）	10.21	16.67	11.11	4.35
10万元及以上	4.08	3.12	0.92	0.00
总计	100	100	100	100

注：自评健康状况为"不好""很不好"的两组人数较少，故进行合并处理。不符合卡方检验条件（部分单元格 n<5）。

（五）受教育程度高的老年人全年劳动收入水平更高

表4-45显示，受教育程度越高，全年劳动收入水平越高。随着受教

育程度的提高，全年劳动收入水平在1万元及以下的比重逐步下降，由70%左右降至20%左右。相反，全年劳动收入水平处于5~10万元（不含5万元）和10万元及以上的比重在逐步上升，由0提高到6%左右，体现出较为明显的差异性。

表4-45　分受教育程度的全年劳动收入情况　　　　　单位:%

全年劳动收入	文盲	小学未毕业	小学	初中	高中/中专	大专及以上
1万元及以下	69.57	61.91	50.81	25.52	21.88	22.22
1~2万元（不含2万元）	0.00	9.52	9.84	13.10	13.65	0.00
2~5万元（不含5万元）	30.43	28.57	36.07	44.83	45.69	22.22
5~10万元（不含10万元）	0.00	0.00	3.28	14.48	15.23	50.00
10万元及以上	0.00	0.00	0.00	2.07	3.55	5.56
总计	100	100	100	100	100	100

注：不符合卡方检验条件（部分单元格n<5）。

五、社会养老保险

（一）老年人普遍参与了社会养老保险，但农业户口、受教育程度较低的老年人参保占比相对较低

抽样调查中社会养老保险指城镇职工养老保险或城乡居民基本养老保险。受访者可能处于在参与且在缴纳、在参与且在领取或未参与项目三种状态，其中前两种均视为在参与社会养老保险。表4-46显示，参与了社会养老保险的老年人比重较高，达93.23%，未参与社会养老保险的老年人仅占6.77%。从组间差异来看，男性和女性老年人参与社会养老保险的比重接近；60~69岁老年人参与社会养老保险的比重最高；农业户口老年人参保比重低于非农业户口老年人；受教育程度高的老年人参与社会养老保险的比重更高；自评健康状况较好的老年人参与社会养老保险的比重更高。总体而言，老年人参与社会养老保险的比重较高，但农业户口、受教育程度较低的老年人参保占比相对较低。

表 4-46 老年人社会养老保险参与情况 单位:%

具体类别		参与	未参与	总计
全体		93.23	6.77	100
分性别	男	93.93	6.07	100
	女	92.80	7.20	100
分年龄组	50~59岁	92.12	7.88	100
	60~69岁	95.27	4.73	100
	70岁及以上	91.87	8.13	100
分户口类型	农业户口	89.91	10.09	100
	非农业户口	96.66	3.34	100
分自评健康状况	很好	93.06	6.94	100
	好	94.55	5.45	100
	一般	93.61	6.39	100
	不好	91.04	8.96	100
	很不好	86.49	13.51	100
分受教育程度	文盲	79.49	20.51	100
	小学未毕业	87.74	12.26	100
	小学	93.06	6.94	100
	初中	95.51	4.49	100
	高中/中专	97.34	2.66	100
	大专及以上	98.13	1.87	100

注:年龄组、户口类型和受教育程度卡方检验显著（$P < 0.05$）。

（二）参与城乡居民基本养老保险的老年人比重于高于城镇职工养老保险，但收益水平较低

表 4-47 显示，约六成老年人（59.96%）参与了城镇职工养老保险。从组间差异来看，男性参与城镇职工养老保险的比重高于女性；70岁及以上参与城镇职工养老保险的比重较低；农业户口老年人参与城镇职工养老保险的比重明显低于非农业户口老年人；受教育程度高的老年人参与城镇职工养老保险的比重更高；自评健康状况较好的老年人参与城镇职工养老

保险的比重更高。结合卡方检验结果，除了年龄组间的差异，其他组间差异均较显著。

表4-47　城镇职工养老保险参与情况　　　　单位:%

具体类别		参与	未参与	总计
全体		59.96	40.04	100
分性别	男	66.72	33.28	100
	女	55.83	44.17	100
分年龄组	50~59 岁	62.42	37.58	100
	60~69 岁	61.65	38.35	100
	70 岁及以上	55.16	44.84	100
分户口类型	农业户口	44.11	55.89	100
	非农业户口	76.34	23.66	100
分自评健康状况	很好	62.15	37.85	100
	好	67.33	32.67	100
	一般	57.34	42.66	100
	不好	51.89	48.11	100
	很不好	48.65	51.35	100
分受教育程度	文盲	29.91	70.09	100
	小学未毕业	40.09	59.91	100
	小学	46.18	53.82	100
	初中	62.55	37.45	100
	高中/中专	83.65	16.35	100
	大专及以上	98.13	1.87	100

注:性别、户口类型、自评健康状况和受教育程度卡方检验显著（ $P < 0.05$ ）。

表4-48显示，超过七成老年人（77.71%）在参与或领取城乡居民基本养老保险。从组间差异来看，不同性别、不同年龄组的老年人参保率差异不大；农业户口老年人高于非农业户口老年人；受教育程度为小学未毕业、小学或初中的老年人参保率更高；自评健康状况为不好或很不好的老年人参保率更高。总体而言，农业户口老年人参与城乡居民基本养老保险

95

项目更为普遍。

表 4-48 城乡居民基本养老保险参与情况   单位:%

具体类别		参与	未参与	总计
全体		77.71	22.29	100
分性别	男	77.12	22.88	100
	女	78.07	21.93	100
分年龄组	50~59 岁	75.56	24.44	100
	60~69 岁	79.86	20.14	100
	70 岁及以上	77.36	22.64	100
分户口类型	农业户口	81.76	18.24	100
	非农业户口	73.53	26.47	100
分受教育程度	文盲（不能读写）	70.09	29.91	100
	小学未毕业	80.19	19.81	100
	小学	84.03	15.97	100
	初中	80.34	19.66	100
	高中/中专	71.86	28.14	100
	大专及以上	65.42	34.58	100
分自评健康状况	很好	76.74	23.26	100
	好	77.97	22.03	100
	一般	76.51	23.49	100
	不好	80.66	19.34	100
	很不好	83.78	16.22	100

注：户口类型和受教育程度卡方检验显著（$P<0.05$）。

从两个社会保险项目的收益水平来看，城镇职工养老保险高于城乡居民基本养老保险。城镇职工养老保险月收益在 2 000 元以下的老年人比重为 28.08%，2 000~3 999 元为 52.44%，4 000~7 999 元为 16.91%，8 000元及以上为 2.58%；平均月收益为 2 902 元。城乡居民基本养老保险月收益在 1 000 元以下的老年人占比为 15.14%，1 000~2 000 元占比为49.32%，2 000 元以上占比为 35.54%；平均月收益为 2 106 元。此外，非农业户口老年人平均月收益远高于农业户口老年人，对于两个项目而言分别是 3 253 元与 2 093 元，2 682 元与 1 528 元。

（三）老年人参与补充养老保险项目比重较低

抽样调查询问了受访者参与个人养老保险、企业年金和商业养老保险三类项目的比重。结果显示，仅 9.19% 老年人参与了个人养老保险项目，1.45% 老年人参与了企业年金项目，4.63% 的老年人参与了商业养老保险项目。总体而言，补充养老保险项目参与仍较为不足。

六、工作态度

（一）老年人的理想退出劳动力市场年龄在 65 岁以前

表 4-49 显示，近六成老年人的理想退出劳动力市场年龄在 65 岁以前；理想退出劳动力市场年龄在 65 岁以上的人群不到一成。此外，有 26.58% 的老年人选择"身体状况允许就一直工作"。

从组间差异来看，男性和女性的理想退出劳动力市场年龄分别集中在 60~64 岁和 50~54 岁，反映出退休和养老保障制度对个体期望的潜在影响；农业户口和非农业户口老年人的理想退出劳动力市场年龄分别为"身体状况允许就一直工作"和"50~54 岁、60~64 岁"，反映出城乡二元结构体制对老年人劳动参与期望的影响；分受教育程度来看，受教育程度越高，选择"身体状况允许就一直工作"的比重就越低、选择"60~64 岁"的比重就越高，说明受教育程度高的老年人对正式部门的标准退休方式更有期待；自评健康状况越差，理想退出劳动力市场年龄越低；有劳动参与老年人理想退出劳动力市场年龄主要集中在"身体状况允许就一直工作"和"60~64 岁"，无劳动参与老年人的选择则主要集中于"50~54 岁"与"60~64 岁"，侧面反映出前者对工作的态度较为积极。

表 4-49　老年人理想的不再工作年龄　　　单位:%

具体类别		50~54 岁	55~59 岁	60~64 岁	65~69 岁	70~74 岁	75 岁及以上	身体状况允许就一直工作	总计
全体		21.92	16.23	25.07	5.82	3.97	0.41	26.58	100
分性别	男	6.09	12.37	39.96	8.78	5.38	0.54	26.88	100
	女	31.71	18.63	15.85	3.99	3.10	0.33	26.39	100

表4-49（续）

具体类别		50~54岁	55~59岁	60~64岁	65~69岁	70~74岁	75岁及以上	身体状况允许就一直工作	总计
分户口类型	农业户口	16.96	14.13	23.42	6.46	4.98	0.40	33.65	100
	非农业户口	27.06	18.41	26.78	5.16	2.93	0.42	19.24	100
分自评健康状况	很好	20.00	13.57	23.93	6.43	3.57	1.43	31.07	100
	好	18.72	17.22	28.79	7.71	4.88	0.00	22.68	100
	一般	22.36	18.43	23.61	5.37	3.40	0.18	26.65	100
	不好	27.92	13.20	24.37	3.05	4.06	0.51	26.89	100
	很不好	31.43	8.57	20.00	2.86	5.71	0	31.43	100
分受教育程度	文盲	14.02	14.95	14.95	8.41	4.67	0.93	42.07	100
	小学未毕业	13.30	16.26	26.60	4.93	5.42	0.49	33.00	100
	小学	25.27	12.09	23.81	6.23	4.40	1.09	27.11	100
	初中	25.58	14.62	24.62	5.38	2.69	0.19	26.92	100
	高中/中专	25.00	21.83	25.79	5.16	3.97	0.00	18.25	100
	大专及以上	12.38	22.86	36.19	7.62	5.71	0.00	15.24	100
分劳动参与情况	有劳动参与	14.09	12.43	23.48	6.08	4.69	0.28	38.95	100
	无劳动参与	24.52	17.50	25.52	5.74	3.74	0.46	22.52	100

注：各变量与理想退休年龄变量间的卡方检验均显著（$P<0.05$）。

（二）老年人对工作本身较为积极，但对延迟退休和再就业的认同度有待提升

为了解老年人的工作态度，抽样调查询问了"工作在我的生活中非常重要""我热爱我的工作""我会支持国家延迟退休政策"和"如果有合适的机会，我晚年会继续工作"四个观点。针对每个观点，受访者可以在"非常不同意""比较不同意""一般""比较同意"和"非常同意"五个选项中进行选择。表4-50汇报了对各观点选择"非常同意"或"比较同意"的比重。

表 4-50　对工作相关观点选择"非常同意"或"比较同意"的比重

单位:%

具体类别		观点 1:工作在我的生活中非常重要（N=1 504）	观点 2:我热爱我的工作（N=1 489）	观点 3:我会支持国家延迟退休政策（N=1 346）	观点 4:如果有合适的机会,我晚年会继续工作（N=1 471）
全体		83.91	75.89	49.40	54.59
分性别	男	86.49	79.09	53.06	53.06
	女	82.33	73.91	47.20	55.52
分年龄组	50~59 岁	85.02	76.43	39.82	67.56
	60~69 岁	84.30	77.98	54.76	52.86
	70 岁及以上	82.17	70.98	53.77	42.15
分户口类型	农业户口	85.20	71.58	53.38	57.92
	非农业户口	82.60	80.22	45.69	51.23
分自评健康状况	很好	85.71	75.70	54.75	64.06
	好	86.25	82.12	51.50	55.27
	一般	82.72	75.18	47.44	51.69
	不好	81.73	69.71	42.46	50.49
	很不好	75.00	55.56	51.72	41.67
分受教育程度	文盲	76.11	49.11	54.35	48.00
	小学未毕业	83.50	66.18	58.48	50.25
	小学	81.63	69.06	56.49	51.26
	初中	86.28	79.92	43.27	59.20
	高中/中专	83.65	87.69	43.25	56.37
	大专及以上	87.59	91.59	57.84	50.47
分劳动参与情况	有劳动参与	85.91	76.42	51.83	78.39
	无劳动参与	14.09	75.69	48.57	48.38

注：针对观点 1,性别卡方检验显著；针对观点 2,性别、户口类型、自评健康状况和受教育程度卡方检验显著；针对观点 3,性别、年龄、户口类型和受教育程度卡方检验显著；针对观点 4,年龄、户口类型、自评健康状况、受教育程度和劳动参与情况卡方检验显著（$P<0.05$）。

　　一方面，老年人对工作本身的态度较为积极。对于"工作在我的生活中非常重要"和"我热爱我的工作"观点，分别有 83.91% 和 75.88% 的老年人倾向于同意。相对而言，老年人对于延迟退休、晚年再就业的认同度一般。对于"我支持国家延迟退休政策"和"如果有合适的机会，我晚年会继续工作"观点，分别有49.40%和54.59%的老年人倾向于同意，远低于前两个观点。

另一方面，对上述观点的认同度存在组间差异。第一，女性对工作重要性（即前两个观点）的认同度低于男性，对延迟退休政策的认同度也低于男性。第二，各年龄组对工作重要性的认同度差异不大，但是50~59岁年龄组对延迟退休政策的认同度明显低于高年龄组，因为这一年龄组最容易受到延迟退休政策的影响；与此同时，50~59岁年龄组对晚年继续工作的认同度又最高。第三，农业户口老年人对晚年继续工作的认同度高于非农业户口老年人，但是对自身工作的热爱程度低于非农业户口老年人。第四，相对而言，自评健康状况较差的老年人对各观点的认同度都较低。第五，受教育程度越高，对自身工作的热爱程度越高；中等受教育程度老年人对延迟退休政策的认可度低于其他受教育程度老年人。第六，有劳动参与老年人明显更加认同"工作在我的生活中非常重要"和"如果有合适的机会，我晚年会继续工作"。

七、固定资产与收支情况

抽样调查用老年人（及配偶）的资产类型及收益、老年人（及配偶）对自家经济状况的评价和老年人（及配偶）收支平衡状况自评等指标综合反映受访者的社会经济地位。受访者如为已婚状态则汇报夫妻双人情况，如为其他婚姻状态则汇报老年人个体情况。

（一）老年人除劳动收入外的生活来源较为单一

老年人（及配偶）除劳动收入外的收入来源较为单一。大部分老年人（及配偶）拥有的金融资产过去一年没有收益或赔钱（比重为91.19%），大部分没有每月领取其他政府转移支付收入（比重为91.87%）。一成左右老年人（及配偶）将房屋出租给别人，每月租金收入在1 000~2 000元的比重最高。

老年人以房产、现金及活期储蓄为主要资产，流动性资产比重较低。

八成以上老年人及配偶（比重为83.70%）名下拥有房产。其中房产总价在50万元及以上的比重最高，达58.94%。约一半老年人（及配偶）名下拥有现金及活期储蓄（比重为53.14%），该类资产总价在10万元及以上的占比最高，达40.07%。

拥有其他类型资产的老年人比重很低。仅5.09%的老年人（及配偶）名下拥有低风险银行理财、余额宝等电子理财产品，仅3.12%的老年人（及配偶）名下拥有股票、基金、外汇、债券、黄金等理财产品。不过，在拥有这两类资产的老年人（及配偶）内部，每类资产总价在10万元及以上的占比最高，达到46.55%和45.24%，反映了资产配置方面的群体差异性。

总体而言，大部分老年人没有除劳动收入外的其他收入来源，这一结果暗示着老年人进行劳动参与的重要原因可能是维持生计。老年人拥有的资产类型较局限，意味着防范晚年经济风险的能力较弱，养老经济资源仍有提升空间。

（二）老年人支出主要为日常生活开销

老年人（及配偶）的每月消费集中在购买食品和日常生活需求。老年人（及配偶）购买食品与外出就餐的支出主要集中在1 000~3 000元（比重为60.98%）。大部分老年人水、电、气、物业、通讯等账单支出集中在500元及以下（比重为83.10%），日用品方面的支出集中在200元及以下（比重为81.41%）。约三成老年人有交通费、养车费方面支出（比重为27.66%）。

此外，老年人（及配偶）的人情消费水平较高。老年人人情与礼金支出集中在3 000元及以下（比重为55.65%）。衣着消费支出集中在2 000元以下（比重为64.39%）。医疗保健费用支出集中在1 000元及以下（51.31%）。85.92%的老年人（及配偶）没有购买大件家具、耐用消费品、汽车、装修翻新房屋等支出，81.45%的老年人没有文化娱乐支出，69.36%的老年人没有旅游支出。

总体而言，超过九成老年人（及配偶）年总支出大多在1万元及以上，近一半老年人（及配偶）年总支出在2~5万元范围内；年总支出平均值约为3.9万元。由于一些老年人和子女同住或者由子女负担部分生活费用，可能存在生活费水平估测偏低的情况（见表4-51）。

表4-51 老年人（及配偶）全年总支出 单位:%

全年总支出	占比
1万元及以下	8.45
1~2万元（不含2万元）	15.70
2~5万元（不含5万元）	48.21
5~10万元（不含10万元）	23.32
10万元及以上	4.32
总计	100

注：N=1 494。

（三）绝大部分老年人能实现收支平衡

大部分老年人对自家经济状况的评价为一般（见表4-52），该群体占比为64.93%。老年人认为自家为收支平衡的占比最多（见表4-53），为42.72%；认为盈余很多的占比最少，为2.88%。

表4-52 老年人对自家经济状况的评价 单位:%

经济状况评价	占比
非常好	2.14
比较好	15.73
一般	64.93
比较差	14.39
非常差	2.81
总计	100

表4-53 老年人收支平衡情况自评 单位:%

是否实现收支平衡	占比
盈余很多	2.88
有部分盈余	29.04

表4-53(续)

是否实现收支平衡	占比
收支平衡	42.72
有点不够用	20.79
非常不够用	4.57
总计	100

第四节 小结

一、主要结论

本章综合利用第七次全国人口普查数据和成都市老龄社会追踪调查数据数据分析了成都市老年人的社会经济地位和劳动参与情况,具体分析老年人的劳动参与情况、工作单位、工作强度、工作意愿与态度、劳动收入与社会养老保险、主要生活来源、收支情况等多个维度的情况。

第一,成都市老年人劳动参与比重目前整体偏低。女性老年人劳动参与率明显低于男性老年人,除了不同的法定退休年龄规定带来的影响,也体现出家庭分工的影响,更多的女性老年人因为料理家务而选择不工作。较高的健康水平和受教育程度对于从事劳动参与具有积极的促进作用。制度限制和观念共同影响了老年人的劳动参与,老年人实际上对工作认同度很高,但对延迟退休和再就业认同一般,普遍认为65岁是不再劳动的理想年龄。

第二,成都市在业老年人的工作类型为正式部门和非正式部门并存,农业工作仍占有一定比重。低年龄组老年人、较高受教育程度老年人从事正式部门非农业工作的比重更高。

第三,成都市在业老年人的整体工作强度较高,多为全职工作。超过法定退休年龄的在业老年人工作强度更低,具有更高的灵活性。

第四,成都市在业老年人劳动收入水平一般。大部分年收入低于5万元，年收入 1 万元及以下也占了一定比例。低年龄组老年人、非农业户口老年人、较高健康水平和受教育程度老年人的劳动收入水平更高。

第五，在社会保险方面，成都市老年人普遍参与了社会养老保险，但参与补充养老保险的比重较低。城镇职工养老保险和城乡居民基本养老保险的收益水平存在较为明显的差异，后者的收益水平较低。

第六，成都市老年人主要生活来源前三位为劳动收入、离退休金/养老金和家庭其他成员供养。女性更可能以家庭其他成员供养为主要生活来源。较高健康水平和受教育程度的老年人，更可能以劳动收入、离退休金/养老金为主要生活来源。

第七，成都市老年人收入来源较为单一。大部分老年人没有除劳动收入外的其他收入来源，收益类资产占比也极为有限。这意味着他们一旦失去劳动能力或就业机会，他们的经济来源就会受到严重影响，尤其是对那些只参加了城乡居民基本养老保险的老年人而言。

第八，大多数老年人目前可以基本实现收支平衡，但是消费内容比较基础，支出以日常生活开销为主，集中在购买食品和日常生活需求。

二、政策建议

基于以上分析结论，本章对进一步优化与促进成都市老年人口的劳动参与提出以下政策建议。

（一）提升针对低龄老年人就业服务的数字化治理水平

数据信息是决策的前提和基础，有必要通过各种渠道加强对老年人就业基本情况的数据信息收集。建议加大本地区的社区层面的人口调查支持力度，更好地了解低龄老年人口的实际情况。针对人口老龄化程度较深的地区，相关部门针对性地组织针对低龄老年人就业的系列专项调查。出于对促进就业的考虑，着重调查 50~69 岁男性及女性人口数量、就业意愿等，为后续设计就业服务支持等提供依据。

（二）完善针对老年人口的再就业服务

一是通过提供税收激励、树立典型示范及建立包容性工作文化等措施，鼓励本地企业、国有企业雇佣老年员工，消除对低龄老年人的年龄歧视。采用灵活工时等方式，鼓励企业拓展老年人适合的岗位，既有助于企业降低用人成本，又可以满足老年人的工作和生活需求。二是提供定制化的职业培训计划，满足老年群体的实际需求和市场需求。成都市应主动谋划并率先推出围绕"老有所为"展开的培训教育活动，侧重于低龄老年群体灵活就业导向的教育与学习，从而帮助有意愿就业的低龄老年群体拓展新知识、习得新技能。

（三）大力开发适合低龄老年人的就业岗位

一是挖掘本地企业雇佣老年员工的潜在需求，完善针对老年人口的再就业服务。二是通过提供税收激励、树立典型示范及建立包容性工作文化等措施，鼓励本地企业、国有企业雇佣老年员工，消除对低龄老年人的年龄歧视。三是不断完善线下招聘形式。可考虑针对低龄老年求职者，开设"银发专场"招聘会，或在常规招聘会中设置低龄老年人岗位专区。同时，充分发挥社区和公益性人才市场的作用，做好低龄老年居民再就业需求的登记，并承担好求职信息发布和精准对接的职能。

（四）着力消除低龄女性老年人隐性就业歧视

一是提供针对性的公共就业服务，注重发挥低龄老年女性在特定岗位上的比较优势。二是引导各类人力资源服务机构、平台加大对低龄女性老年人的关注和岗位推送。三是搭建中介机构、用工单位或个人以及从业者的良性交流机制，逐步消除对低龄女性老年人的隐形就业歧视。

（五）扩展老年人收入来源，加大对贫困老年群体的经济保障

一是完善社会养老保险制度，深化养老保险制度改革，确保养老保险制度的可持续性，为老年人提供稳定可靠的养老金来源。二是推广个人储蓄性养老保险和商业养老保险，鼓励个人通过多种渠道积累养老资金。三是增加对老年人的财政补贴。设立针对贫困老年人的专项补贴，如高龄补贴、生活补贴等，以缓解他们的经济压力。根据老年人的实际需要，调整和优化补贴政策，确保补贴资金能够真正用于改善老年人的生活质量。

第五章 成都老年人口家庭 与代际关系

第一节 引言

家庭是人类社会的基本组织形式，是人类进行社会活动的基本单元。家庭涉及家庭结构和社会组织等多个层面，现实生活中的家庭结构限制了家庭成员的角色、相互关系、交往方式和行为方式。不同的家庭结构对应了不同的家庭关系和互动模式。因此，分析老年人口的婚姻家庭状况是深刻认识老年人的居住情况和家庭互动与支持模式的前提，也有助于加深对代际差异的理解。

随着医疗水平的提高和生活条件的改善，老年人的寿命不断延长，老年人口比重持续上升，传统的大家庭结构逐渐解体，核心家庭成为主流。在这种背景下，老年人与子女之间的居住距离增加，日常交流减少，这对老年人与子辈之间的代际关系提出了新的挑战。此外，随着现代社会节奏的加快和工作压力的增大，许多年轻父母在照顾孩子方面面临诸多困难，他们可能因工作繁忙、经济压力等原因，无法全职照顾孩子。这使得老年人成了照顾孙辈的重要力量。他们通过提供日常照料、教育和情感支持，为孙辈的成长提供了宝贵的帮助。这些都使代际关系与照料支持成为了一个重要的社会议题。

一、婚姻与家庭概述

在现代社会中，婚姻的内涵是男女两性以共同生活为目标，以自愿平等为基础，在法律的规定下结合成为夫妻，但婚姻同时也受社会文化观念和风俗习惯制约。婚姻的重要性在于，它是社会和文化中的一项重要制度，不仅对个人的生活产生深远影响，也是社会稳定和发展的基石。一方面，婚姻为个人提供了情感的归属和支持，使人们在面对生活挑战时更易得到稳定的帮助。另一方面，婚姻是家庭的起点，家庭通过生育和抚养下一代，为社会注入新鲜血液。此外，婚姻还有助于社会资源的合理分配和利用，并且通过法律和道德规范，维护社会秩序和伦理道德。综上所述，婚姻在人的一生中具有不可替代的重要作用。而婚姻对于社会经济地位、身体机能和精神状态都处于下降阶段的老年人而言，更为如此。

在健康支持方面，婚姻对于整体健康、身体及精神健康均有明显的保护作用（耿蕊，2018）。例如，处于丧偶状态的老年人与处于有配偶状态的老年人相比，其精神健康状况会出现显著下降（Williams et al.，2004）。在经济支持方面，在《中华人民共和国老年人权益保障法》第二十二条中提到："老年人对个人的财产，依法享有占有、使用、收益和处分的权利，这包括了老年夫妻之间在经济上相互支持的权利。"这充分说明了婚姻中的夫妻双方通过共同管理家庭财务、规划退休生活，能够更好地应对老年生活中可能出现的经济压力，从而能够提高家庭的经济效益，降低生活成本，提高生活质量。从社会支持的角度看，婚姻为老年人提供了社交支持，夫妻双方也能缓解彼此的压力（Scafato et al.，2008）。比如，失独老人较少与他人交往，从而制约了他们的认知刺激，加重了精神与生活压力，最终加快了他们的认知能力衰退并影响他们的日常生活（Zhang et al.，2019）。总体而言，从日常生活照料、精神安慰、预防意外事故、维持良好的社会关系等几个角度来看，婚姻对老年人起到了极其重要的保护作用。

家庭结构是指由不同家庭成员，如夫妻、父子、母女、祖孙等所组成的不同类型的家庭关系。从广义上讲，家庭结构的含义包含两个层次：一个是家庭中的成员组成状况，另一个是成员间的关系状况。此外，家庭结构也是一种抽象化的概念，是指人们在家庭中的日常生活中所形成的一种运作机制与方式（苏宗敏 等，2021）。从结构功能主义的观点来看，家庭结构的重要性在于，一个特定的家庭结构始终履行着某种家庭职能，其变动会影响到家庭职能的改变，从而推动或阻滞家庭功能的实现（杨善华，1994）。所以，家庭结构会直接影响到家庭成员的生活模式以及子女等家庭内部成员对老年人的代际支持，进而影响社会公共政策的制定以及相关老龄产业的发展部署（苏宗敏 等，2021）。

家庭形态目前呈现多样化的趋势，分类标准不一。按照家庭成员的性质则可以细分为：夫妻核心型家庭、三代直系型家庭和独居型家庭。其中，"核心家庭"指的是由一对夫妇及其未婚子女组成的小家庭，这种家庭模式强调了夫妻关系的核心地位。而三代直系型家庭则涉及至少两代人的共同居住，这类家庭通常是父母与成年子女共同居住。至于独居型家庭，它特指那些只有一人居住的个体家庭，没有其他成员一同居住，这种家庭的特点在于家庭完全由个人支配。

二、代际关系与非正式照料

（一）代际关系的内涵及功能

从家庭层次看，代际关系是以血缘或领养为纽带的一种纵向关系。父母与子女之间的关系是世代家庭的核心，而亲子关系的形成是由两个家庭成员结婚后所形成的夫妻关系所决定的。家庭代际关系模式中有两种代表性的模式，第一种是抚养—赡养模式。费孝通认为中国家庭成员关系或代际关系属于"抚育—赡养型"，即甲代抚育乙代，乙代赡养甲代；乙代抚育丙代，丙代赡养乙代。他将其概括为"反馈模式"（费孝通，1985）。在这一模式中，父母和子女之间不是西方社会的权利义务观念，而是情感的流露和亲情的联络（潘光旦，1993）。第二种是代际交换模式。有学者把中国家庭看作一种反馈性的代际关系（郭于华，2001）。代际的传承与亲子之间的互动遵循着一种"交换"的原理，其中既有物质经济的有形交流，也有感情的无形交流。如果亲代只养育了自己的孩子，而没有产生互助互惠的交换关系，那么代际之间的感情就会减弱。

在代际关系的功能方面，有学者将其分为五类：义务关系、责任关系、权利关系、交换关系和亲情关系。这种代际关系既包括以父代为对象的子代履行，也包括以子代为对象的父代履行（王跃生，2016）。在社会层次上，每个家族成员或社会成员都将隶属于一定的辈份或世代，并根据自然和社会制度安排，与其他辈份或世代形成社会关系。其中，平衡代际关系尤其重要，它可以实现代际关系的各种职能，在最后构建出一种稳定的社会秩序。

影响家庭代际关系变化的原因复杂且多样，在微观层面上，包括社会福利状况、婚姻状况、亲属关系的形式、性别及子女的社会经济地位这五种影响因素（徐征 等，2003）。从宏观角度看，社会层面的能力包括法律力量、政策力量、道德力量、家规族训力量以及风俗和惯习力量（王跃生，2011）。随着现代化进程的加快和思想观念的变化，人口少子化和老龄化现象仍长期并存，家庭出现小型化和核心化的趋势，这对家庭的代际关系带来了直接的冲击。

（二）老年人的非正式照料

非正式照料指的是为存在健康问题或无法独立生活的人提供无偿照顾，最常见的照料者是被照料者亲属、好友等。目前，子代工作和家庭的冲突日益加剧，老年人提供的帮助对家庭而言变得越来越重要（杨菊华 等，2009）。此外，照顾孙子女仍然是目前中国人口流动的一个重要因素（孟向京 等，2004）。在老年人照顾孙辈的影响因素方面，有学者分析认为，老年人自评经济状况与照顾孙辈之间呈现倒"U"形曲线关系：经济上大致够用的老年人照顾孙辈的占比最高，经济自评为很宽裕和很困难的老年人照顾孙辈的占比最低。明显趋势是健康状况越好的老年人帮助子女照顾孩子的占比越高。此外，受教育水平越高的老年人，照顾孙子女的占比也越高（孙鹃娟 等，2013）。

在非正式照料对代际关系的影响方面，交换理论认为老人们通过履行对下一代的养育义务来预测并确保自己晚年时能够得到子女的经济支持和情感关怀（马磊 等，2019）。剥削理论将隔代照料认为其实质上是老年人与子女之间的剥削,例如用毕生积蓄在城市里给孩子买房子(陈锋,2014)。代际团结理论认为,隔代照顾能够促进代际之间的深刻交流与理解,从而加深家庭成员间的感情纽带(宋璐 等,2013)。

三、我国老年人的家庭结构和代际关系变化

目前,我国家庭结构发生了显著变化。第七次全国人口普查调查结果表明,中国的家庭户均人数是 2.62,较第六次全国人口普查 3.10 的平均户规模少 0.48,这使得我国家庭的基本人口数量由 3 个人以上降低到 3 个人以下(张丽萍 等,2022)。由此可知,中国的家庭户规模在持续缩小,同时家庭结构呈现出了核心化的趋势。目前,我国生育率仍处于较低水平,人口老龄化及人口负增长现象已成为当前社会关注的焦点。老年人口的增多,一方面使各家庭中有老人的家庭户比重有所上升;另一方面也导致了老人空巢家庭比重上升(张翼,2018)。此外,大规模的人口流动和居住环境的改善也是导致家庭户变化的主要原因。

与家庭结构变化相伴,代际关系也出现了诸多变化。第一,代际关系日益平等。家庭生活的改善加强了子代对独立生活的渴望,而老年人的社会保障体系日趋健全以及年轻人的迁移流动使得代际间的依存与干涉行为不断弱化(关颖,2010)。第二,代际关系出现文化反哺,即在急速的文化变迁时代所发生的年长一代向年轻一代进行广泛的文化吸收的过程。在信息社会,子女在更多的领域和更大的范围内进行自我学习,然后借此对父母产生极大的影响力,父母在家族中的权威遭到严重挑战。第三,代际关系社会化。在传统社会,代际关系强调家庭内部伦理观念和角色划分。然而,进入现代社会,个体资源不仅包括家庭资源,还扩展到了更广泛的社会资源。市场竞争的加剧推动了代际间资源的转移。老一辈人通过把积累的资源提供给新一代以换取子代竞争能力的提升,这种资源转移不仅仅局限于物质财富,还涵盖了人脉等多个方面(吴帆,2010)。第四,代际重心转移。中国有许多年迈的老人自愿承担起对孙代的照顾责任。在追求个体发展和家庭和谐的道路上,如何寻找到一个平衡点,确保每个家庭成员都能从中受益,仍是一个严峻的问题(王树新 等,2002)。

综上，深入研究成都市老年人口家庭的结构特征和代际关系的变化至关重要。这不仅有利于完善成都的相关社会政策，也有利于建设实操性强的家庭发展计划，积极应对人口老龄化。

第二节 成都老年人口婚姻总体形势——基于普查 数据结果

婚姻状态指的是一国或一地区在一定时期内年满 15 岁及 15 岁以上的人口在婚居方面所处的状态，一般分为未婚、已婚（有配偶）、丧偶、离婚四类。未婚指 15 岁及以上人口尚未结婚的状态。在一个人口总体中，未婚人口所占比重的大小，即未婚率水平，取决于多种社会经济因素和生理及心理因素，包括社会制度、经济发展水平、政策规定、风俗习惯以及人们的人生价值观等因素。

根据普查数据的结果，成都市老年人的婚姻状态主要集中在"有配偶"这一类别，"有配偶"的老年人占比高达 84.86%，表明成都市老年人绝大多数都处于在婚状态，而这将对老年人的生活照料、经济支持和社会交往等产生有利影响。其余三种婚姻状态占比很小。具体而言，"未婚"的老年人口占比为 1.79%，在四种婚姻状态中人数最少，占比最低。此外，"丧偶"和"离婚"的老年人分别占比 9.53% 和 3.82%（见表 5-1）。

表 5-1 老年人婚姻状态总体分布状况

婚姻状态	人口数（人）	占比（%）	累计占比（%）
未婚	15 290	1.79	1.79
有配偶	72 970	84.86	86.65
离婚	32 481	3.82	90.47
丧偶	81 228	9.53	100

初婚年龄是衡量一个社会或群体的婚姻模式和趋势的重要指标之一，它指的是一个人第一次结婚时的年龄，会受到社会经济发展水平、教育水

平、社会婚姻观念和社会政策等多种因素影响。根据普查数据的结果，成都市老年人的平均初婚年龄为 24 岁。在 20~24 岁间结婚的老年人比重最高，占到 57.34%；其次是在 25~29 岁间初婚的老年人，占比为 24.28%。由表 5-2 可知，成都市超过 90% 的老年人的初婚年龄在 30 岁及以下，这反映出成都市老年人的平均初婚年龄较早，符合我国早婚早育的传统婚姻观念。

表 5-2　老年人初婚年龄总体分布状态

初婚年龄	人口数（人）	占比（%）	累计占比（%）
10~14 岁	460	0.05	0.05
15~19 岁	77 980	9.32	9.37
20~24 岁	479 705	57.34	66.71
25~29 岁	203 147	24.28	90.99
30~34 岁	42 699	5.10	96.09
35~39 岁	15 669	1.87	97.95
40~44 岁	8 229	0.98	98.93
45 岁及以上	8 790	1.05	99.98

以上数据反映出组建家庭是人们的主流观念和行为。不过，虽然大多数老年人都处于已婚状态，但是仍有部分老年人发生了婚姻状态的变化，即使占比较低，这种情况也值得注意。相比于从未进入婚姻状态的未婚人群而言，婚姻状态从"有"到"无"的变化更容易对老年人产生负面影响，比如，离婚后老年人自杀的概率会高于未结婚老年人的自杀概率（黄可言 等，2023）。

为了更全面地了解成都市老年人的婚姻健康状况，接下来将从性别、年龄和受教育程度三个重要维度对老年人的婚姻状态进行深入分析。

一、特定婚姻状态的性别分布不一

首先，在"未婚"状态的分布方面，普查数据显示（见表 5-3），男性"未婚"的老年人口占比为 2.93%，女性"未婚"的老年人口占比为

0.69%，二者相差 2.24%。其次，男性"有配偶"的老年人口占比为 88.38%，女性"有配偶"的老年人口占比为 81.45%，二者相差 6.93%。男性"丧偶"的老年人口占比为 4.87%，女性"丧偶"的老年人口占比为 14.06%，二者相差 9.19%。男性"离婚"的老年人口占比为 3.82%，女性"离婚"的老年人口占比为 3.80%，二者相差 0.02%。总体而言，在男女两性中，结婚组建家庭都是两性中的主流行为，从未进入过婚姻状态都是两性中极少数人的选择，不过男性老年未婚人口占比略高于女性老年未婚人口占比。而女性老年丧偶人口占比远高于男性老年丧偶人口占比，这可能与女性平均预期寿命高于男性有关，对老年女性的健康质量和生活质量的维持带来严峻挑战。

表 5-3　分性别的老年人婚姻状态分布状况　　　　单位:%

性别	未婚	有配偶	离婚	丧偶	总计
男性	2.93	88.38	3.82	4.87	100
女性	0.69	81.45	3.80	14.06	100
总计	1.79	84.86	3.81	9.54	100

二、婚姻状态随年龄增长变化显著

首先，在"未婚"状态的分布方面，表 5-4 显示，在 50~54 岁年龄段，未婚者仅占 2.67%，这反映了在大多数人的生命周期中，50 岁之前大多已经完成了结婚组建家庭这一人生大事。在其他的年龄组，"未婚"状态占比也都保持在较低水平，在 1.18%~1.76%的范围波动变化。在 75 岁及以上的年龄段中，"未婚"状态占比也呈现小幅度的轻微下降趋势。

其次，在"有配偶"状态的分布方面，数据显示，有配偶者在 50~64 岁年龄区间占据了绝对多数，占比为 90%左右，这显示了大多数人在老年初期都保持着稳定的婚姻关系。然而，随着年龄的增长，"有配偶"状态的占比逐渐下降，从 60~64 岁的 90.38%的水平缓慢下降到了 70~74 岁的 83.89%的水平。值得注意的是，在 75 岁及以上的年龄组，"有配偶"状态的占比急剧下降，从 75.60%的水平断崖式下跌至 22.29%的水平。这可能

113

是由于配偶去世或离婚等原因。

再次，在"离婚"状态的分布方面，数据显示，50~54岁年龄段的"离婚"状态占比为5.67%，在全部年龄组中占比最高，而随着年龄的增长，这个占比小幅度下降至了60~64岁的4.68%。这可能与相对年轻人口的社会观念的变化、个人追求幸福的需求增强以及经济独立性的提高等因素有关。然而，在64岁及以上的年龄段，"离婚"状态占比迅速下降，从60~64岁的4.68%快速下降至了95岁及以上年龄组的0.32%的水平。

最后，在"丧偶"状态的分布方面，"丧偶"状态占比在50~54岁年龄组最低，仅为0.86%，但随着年龄的增长，"丧偶"状态占比逐渐上升，先是从50~54岁的0.86%的水平小幅上升至70~74岁的12.57%水平，然后在75岁之后，"丧偶"状态占比从75~79岁的21.54%的水平急剧上升，特别是在80岁及以上的年龄段，"丧偶"状态占比已经超过了三分之一，甚至在95岁及以上的年龄组达到了惊人的76.05%。这种变化符合我国78.2岁的平均预期寿命水平，同时也充分说明了随着年龄的增长，由于配偶的去世，丧偶成为了老年人面临的一个普遍问题（见表5-4）。

表5-4　分年龄组的老年人婚姻状态分布状况　　　　　单位:%

年龄	未婚	有配偶	离婚	丧偶	总计
50~54岁	2.67	90.80	5.67	0.86	100
55~59岁	1.76	91.38	4.82	2.04	100
60~64岁	1.32	90.38	4.68	3.62	100
65~69岁	1.57	87.72	3.30	7.41	100
70~74岁	1.48	83.89	2.06	12.57	100
75~79岁	1.51	75.60	1.35	21.54	100
80~84岁	1.48	64.66	0.87	32.99	100
85~89岁	1.29	51.00	0.59	47.12	100
90~94岁	1.18	37.00	0.40	61.42	100
95岁及以上	1.34	22.29	0.32	76.05	100

总体而言，"未婚"状态的占比整体较低，也在不同年龄段之间存在

一定的波动，但随着年龄的增长，"未婚"老年人口的占比逐渐降低，这符合人口结构的一般规律，即随着年龄的增长，人们的婚姻状态会逐渐稳定下来。"有配偶"状态的占比也在逐渐降低，特别是在80岁及以上的高龄人群中，"有配偶"状态的占比下降幅度更大，这反映出高龄人群面临着更高的丧偶风险。另外，年龄层越小，"离婚"状态的占比越高，但总体上仍然较低，这说明离婚在现代社会中虽然逐渐成为一种较为普遍的现象，但大部分老年人的婚姻仍然是稳定的。"丧偶"状态的占比随着年龄的增长而显著上升，特别是在85岁及以上的高龄老年人口中其占比已经超过了50%，这反映了高龄老年人口可能会面临严峻的养老问题和独居现实。

三、不同受教育程度的婚姻状况差异较大

首先，"未婚"状态随着受教育程度的提高呈现类似"U"形的结构，即两头高中间低。具体表现为：小学或以下受教育水平的老年人中"未婚"状态占比相对较高，分别为5.21%和2.05%；受过初中或高中教育的老年人"未婚"状态占比整体下降至2%以下，尤其是初中阶段降至全部年龄组中最低的水平1.19%；受过高等教育的老年人"未婚"状态占比整体义有所增加（见表5-5）。这可能是由于高学历群体在学业、事业等方面有更高的追求，导致结婚年龄进一步推迟，此外价值观念的变化也使个体婚姻状态有所差异。

表5-5　分受教育程度的老年人婚姻状态分布状况　　单位:%

受教育程度	未婚	有配偶	离婚	丧偶	总计
未上过学	5.21	52.14	1.28	41.37	100
小学	2.05	80.80	2.41	14.74	100
初中	1.19	89.90	4.18	4.73	100
高中	1.69	87.39	5.85	5.07	100
大专及以上	1.97	89.25	5.43	3.35	100

其次，在"有配偶"状态的分布方面，随着受教育程度的提高，"有配偶"状态占比整体上呈现出上升趋势。未上过学的老年人"有配偶"占比最低，为52.14%。而到了其他阶段，"有配偶"状态占比出现上升趋势，均超过了80%。

再次，在"离婚"状态的分布方面，随着受教育程度的提高，"离婚"状态占比在整体上也逐渐上升。小学或以下受教育水平的群体中，"离婚"状态占比相对较低，均不超过2.5%。然而，到了更高教育水平群体中，"离婚"状态占比开始上升，各个阶段均处于4%~6%的区间范围。这可能是因为随着教育程度的提高，个体在价值观、生活方式等方面的差异逐渐增大，导致婚姻关系的稳定性受到挑战。

最后，在"丧偶"状态的分布方面，随着受教育程度的提高，"丧偶"状态占比整体上呈现出下降趋势。未上过学的老年人的"丧偶"状态占比最高，达到了41.37%。大专及以上学历的老年人"丧偶"状态占比最低，为3.35%。这可能是因为学历较低人群的结婚年龄早、经济条件极其不稳定、生活条件差、医疗保障有限，导致了偏高的丧偶风险。

受教育程度对婚姻状态分布具有显著影响。随着受教育程度的提高，"未婚"状态占比先下降后上升，"有配偶"状态占比逐渐上升，"离婚"状态占比波动上升，"丧偶"状态占比逐渐下降。这些变化反映了不同受教育程度群体在婚姻观念、生活方式、社会竞争力等方面的差异。

第三节　成都老年人口居住状况——基于普查数据结果

一、养老方式多为居家型养老

居住状况是影响老年人居住质量的关键因素。在第七次全国人口普查数据中，居住状况被划分为七大类别，包括"与配偶和子女同住""与配偶同住""与子女同住""独居（有保姆）""独居（无保姆）""养老机构"和"其他"。表5-6展示了老年人居住状况的总体分布情况。

数据显示，绝大多数老年人选择与配偶或子女共同居住。其中，与配偶同住的老年人占比最高，达到 38.07%；紧随其后的是与配偶和子女同住的老年人，占比为 28.13%；与子女同住的老年人占比为 19.41%。相比之下，独居老年人的总占比仅为 9.13%，其中无保姆陪伴的占 8.92%，有保姆陪伴的占 0.21%。值得注意的是，居住在养老机构的老年人占比极低，仅为 0.97%。

表 5-6　老年人居住状况总体分布

居住状况	频数（人）	占比（%）
与配偶和子女同住	101 343	28.13
与配偶同住	137 193	38.07
与子女同住	69 926	19.41
独居（有保姆）	739	0.21
独居（无保姆）	32 148	8.92
养老机构	3 493	0.97
其他	15 472	4.29
总计	360 314	100

排除选择"其他"居住方式的老年人后，有 94.74% 的老年人选择居家养老，而机构养老的占比仅为 0.97%（见表 5-6）。这一数据表明，成都市的老年人主要倾向于选择居家养老方式，这与我国提出的"9 073"养老格局相一致，即 90% 老年人居家养老，7% 的老年人依托社区支持养老，3% 的老年人入住机构养老。

二、城乡老年人的居住状况有较大差异

表 5-7 展示了老年人分城乡的居住状况总体分布。在农村地区，老年人的居住状况以与家人同住为主，其中，"与配偶和子女同住"的占比高达 31.38%，"与配偶同住"和"与子女同住"的占比也分别占到了 25.03% 和 28.87%。在农村独居的老年人中，极少数独居的老年人选择配备保姆来辅助生活，这一占比为 0.17%，而选择独居但没有保姆陪伴的老年人占比为 6.36%。另外，有一部分老年人选择入住养老机构，占比为

1.36%。相较之下，城镇老年人的居住状况虽然也以与家人同住为主导，但其中"与配偶同住"的占比远高于农村老年人，达到了 35.46%，而"与配偶和子女同住"的占比为 28.8%。"与子女同住"的老年人占比稍低，为 20.45%。城镇中，独居老年人的现象更为普遍，其中无保姆陪伴的独居老年人占 7.74%，而有保姆陪伴的独居老年人仅占 0.21%。相较于农村，城镇老年人选择入住养老机构的占比更高，达到了 2.05%，这可能反映了城镇地区养老设施的相对完善。

表 5-7 老年人分城乡的居住状况总体分布 　　　　单位:%

城乡	与配偶和子女同住	与配偶同住	与子女同住	独居（有保姆）	独居（无保姆）	养老机构	其他
乡村	31.38	25.03	28.87	0.17	6.36	1.36	6.83
城镇	28.80	35.46	20.45	0.21	7.74	2.05	5.29
全体	29.15	34.06	21.59	0.21	7.55	1.96	5.48

三、老年人的居住状况与年龄存在密切联系

表 5-8 展示了老年人分年龄组的居住状况分布情况。从表 5-8 可知，大部分老年人在各个年龄组均选择与家人（如配偶或子女）共同居住。然而，随着年龄段的递增，选择"与配偶和子女同住"以及"与配偶同住"的老年人占比逐渐下降，从 60~64 岁年龄组的 35.92% 和 36.26% 降至 100 岁及以上年龄组的 5.45% 和 5.11%。相反，"与子女同住""独居（有保姆）""独居（无保姆）"以及"居住在养老机构"的老年人占比则呈上升趋势，特别是居住在养老机构的老年人占比，从 60~64 岁年龄组的 0.11% 显著上升至 100 岁及以上年龄组的 9.53%。同时，与子女同住的老年人占比也从 60~64 岁年龄组的 13.51% 上升至 100 岁及以上年龄组的 61.29%。以上趋势表明，随着年龄的增长，老年人对照料的需求逐渐增加，会选择更加便于获得照料的居住模式。

表 5-8　老年人分年龄的居住状况分布　　　　　单位:%

年龄组	与配偶和子女同住	与配偶同住	与子女同住	独居（有保姆）	独居（无保姆）	养老机构	其他
60~64 岁	35.92	36.26	13.51	0.11	6.95	0.11	7.14
65~69 岁	35.17	39.01	13.24	0.07	6.83	0.30	5.38
70~74 岁	31.47	42.05	14.40	0.07	7.66	0.43	3.92
75~79 岁	25.73	41.49	18.98	0.10	9.63	0.73	3.34
80~84 岁	20.60	36.40	26.04	0.26	12.01	1.29	3.40
85~89 岁	15.41	28.36	35.21	0.61	13.60	2.95	3.86
90~94 岁	10.96	18.75	46.45	1.29	12.86	5.13	4.56
95~99 岁	7.41	9.69	56.62	2.15	11.39	6.45	6.29
100 岁及以上	5.45	5.11	61.29	1.59	8.97	9.53	8.06
全体	28.13	38.08	19.41	0.21	8.92	0.97	4.28

四、婚姻状况是影响老年人居住状况的重要因素之一

将老年人按婚姻状况划分为"未婚""已婚""离婚"和"丧偶"四个类别。表 5-9 展示了老年人分婚姻状况的居住状况分布情况。数据显示，已婚的老年人主要与配偶共同居住或与配偶及子女同住，这两种情况分别占据了已婚老年人总数的 49.74% 和 36.74%。相比之下，未婚、离婚或丧偶的老年人主要为独居。具体来说，未婚老年人独居（无保姆）的占比为 38.46%，离婚老年人为 44.16%，丧偶老年人为 26.31%。与此形成鲜明对比的是，已婚老年人中选择独居（无保姆）的占比仅为 2.89%。然而，无论婚姻状况如何，选择由保姆照料居住的老年人占比均极低，不超过 1%。此外，值得注意的是，未婚老年人在养老机构居住的占比高达 21.57%，远超过其他婚姻状况的老年人。

表5-9　老年人分婚姻状况的居住状况分布　　　单位:%

婚姻状况	与配偶和子女同住	与配偶同住	与子女同住	独居（有保姆）	独居（无保姆）	养老机构	其他
未婚	0.00	0.00	3.02	0.41	38.46	21.57	36.54
已婚	36.74	49.74	7.37	0.06	2.89	0.32	2.88
离婚	0.00	0.00	37.33	0.55	44.16	1.10	16.86
丧偶	0.00	0.00	65.01	0.72	26.31	1.91	6.05
全体	28.13	38.08	19.41	0.21	8.92	0.97	4.28

第四节　成都老年人口代际关系状况——基于抽样调查数据结果

调查数据中，受访老年人与子女之间的代际关系可以总结为代际居住安排和代际交换两个方面。代际居住安排方面主要涉及代际同住情况，测量指标为老年人与子女的居住距离。代际交换方面涉及代际联系、物质支持状况、价值观念一致性以及子女对老年人的生活照料状况，测量指标分别为：子女见面或通话的频率、近一年子女提供的经济支持数量、与子女的观念是否一致以及是否期待子女的照料。表5-10展示了代际关系方面的相关结论，本节将进一步展开说明。

表5-10　代际关系部分类型选择及占比

代际关系类型	具体分类	占比（%）
居住安排（N=1 387）	同住	32.01
	本区县内（不含同住）	30.35
	本省内（不含本区县内）	28.84
	省外	8.80
子女见面或通话（N=1 397）	每周至少一次	80.73
	每月一次或一年几次	19.27

表5-10(续)

代际关系类型	具体分类	占比（%）
子女每年提供经济支持金额 （N=1 490）	0 元	44.63
	1～999 元	11.21
	1 000～2 999 元	16.64
	3 000～9 999 元	22.15
	10 000 元及以上	5.37
观念一致性 （N=1 510）	一致	19.08
	一般或不一致	80.92
期待子女提供照料 （N=1 505）	是	30.83
	否	69.17

一、代际居住安排、代际联系与情感亲密程度表现较好

数据显示出代际间关系在代际居住安排方面的表现情况较好，老年人大多与子女相距较近，代际居住相隔范围在本区县内的占比为62.36%。在代际同住方面，至少有一位子女和其同住的占32.01%，居住的距离不超过本区县的占比为62.36%，双方居住距离在本省范围内的占91.20%，居住距离超过本省范围的占8.8%。

此外，受访者中，只有一个子女的占62.0%，有两个子女的占27.2%，有三个及以上子女的占9.6%，无子女的占1.2%。超过半数非农业户口受访者只有一个子女。这表明，在绝大部分家庭子女数只有一到两个的情况下，仍然有九成的老年人与自己子女同住在一个省内。

在代际联系方面，至少与一位成年子女每周均能见面（含同住）的占比为64.71%。每周能与子女通话或微信高频率联系的占80.73%（含同住），每月或只有一年才能与子女通话或微信低频率联系的仅有9.27%。在情感亲密程度方面，96.34%的老年人感受至少一位成年子女与其关系是亲近的，仅有3.66%的老年人感受其子女与自己关系不亲近。

以上数据充分表明老年人与其子女代际居住安排、代际联系与情感亲密程度方面表现较好。

二、代际经济支持、价值观念及晚年照料期望方面表现一般

关于代际经济支持，有 44.63% 的老人在近一年并没有得到过来自子女的经济支持，近一年老人从任何子女方获得了经济支持的占比为 54.24%，但整体金额较少。在收到子女经济支持的老年人中，超过一半得到的现金均值不超过每年 3 000 元；仅有 9.7% 的老年人从子女处得到的现金均值在每年一万元以上。

在代际观念方面，仅有 19.80% 的老年人认为至少有一位成年子女与自己的价值观是一致的，绝大多数（80.2%）老年人都认为成年子女与自己的价值观相对不一致。

在晚年照料方面，仅有 30.83% 的老年人期待晚年时能得到子女的照料，同时明确认为在自己需要时能得到至少一位子女的照料。另外 69.17% 的老年人明确表示自己不期望从子女那里得到任何照料。

以上数据充分说明老年人受到的代际经济支持相对一般，并且与子女的价值观念一致程度，以及对子女的照料期待均较低。

第五节　成都老年人口非正式照料状况——基于抽样调查数据结果

一、多数老人有过非正式照料经历，并以照料孙辈为主

数据显示，大多数受访者有非正式照料行为。其中，45.76% 的老年人表示近一年没有对亲朋好友或孙子女提供过照料，但在不限制回溯时间的情况下提供过相应照料的受访者占比显著增加。在另外 54.24% 近一年提供过非正式照料的老年人中，其中占比最多的是照顾了 16 岁及以下的孙子女，占 82.42%，其次为照顾自己或配偶的父母，占 15.3%，排名第三的为照料配偶，占比为 11.64%（见表 5-11）。这说明老人照料孙子女依旧是较为普遍和持续的现象。不过，照顾的孙子女数量较少，以一位居多；在近一年照料 16 岁及以下的孙子女的老年人中，66.62% 的老年人近一年

仅照顾过一位孙子女，97.69%老年人照顾的孙子女数量不超过两位。

表 5-11　过去一年有非正式照料老年人照料对象（多数）

单位:%

照料对象	占比
16 岁及以下的孙子女	82.42
对配偶	11.64
对自己或配偶的父母	15.03
对除孙子女以外的其他亲属	3.88
对朋友或邻居	4.48
对任何子女	2.79

注：N=825。

二、老年人照料孙辈强度大，且以"分内责任"为主要原因

在有 16 岁及以下孙子女的受访老年人中，有 42.54%的老年人表示最近一年有照料过 16 岁及以下的孙子女。具体而言（见表 5-12），51.00%的老年人表示每周内每天从早到晚一直都在照顾孙子女，29.06%的老年人表示每天有一段时间但非全天照顾孙子女，9.89%的老年人每星期至少一次照顾孙子女；即总共有 89.95%的老年人每周都会照顾 16 岁及以下的孙子女。仅有 2.78%的老年人每月几次但均非全天照顾自己的孙子女，7.16%的老年人表示每月一次且非全天照顾孙子女。由此可知，隔代照料多数处于不间断的持续状态（见表 5-12）。

表 5-12　过去一年对 16 岁及以下孙子女的具体照料频率　单位:%

照料频率	占比
每天从早到晚（日均超过 6 小时）	51.00
每天有一段时间但非全天	29.06
每星期至少一次	9.89
每月几次但均非全天	2.79
每月一次或更少	7.26

注：N=647。

123

此外，受访老年人或依旧普遍将照料孙子女视为自己的分内义务与职责所在。表5-13展示了从没有对孙子女提供隔代照料的老年人的未照料原因；仅有5.92%的老年人认为照顾孙子女应该是子女自己的事情，即大多数老年人认可自身的隔代照料义务；有9.47%的老年人认为自己"没有时间和精力"照顾孩子；有14.97%老年人认为自己"身体不好不能帮忙"；有36.09%的老年人表示"子女没有提过需要帮忙"；仅有1.18%的老年人表示孙子女"有月嫂或育儿嫂负责照顾"；此外，还有44.38%的老年人表示有其他详细原因。

表5-13　没有照料16岁以下孙子女的原因（多选）　　单位：%

原因	占比
这应该是孩子他们自己的事	5.92
没有时间和精力	9.47
身体不好不能帮忙	14.79
子女没提过需要帮忙	36.09
有月嫂或育儿嫂负责照顾	1.18
其他原因	44.38
不知道或拒答	3.55

注：N=169。

第六节　小结

一、主要结论

本章依托第七次全国人口普查及成都市老龄社会追踪调查数据，对老年人的婚姻基本情况、家庭结构、居住安排、代际关系和对于他人的非正式照料情况进行了全面分析，得到了如下结论。

成都市老年人的婚姻和家庭状态分布各有特点，与他人结婚组建家庭、晚年与配偶或者子女共同居住仍然是老年人的主流选择，不过这其中也存在着以下值得注意的问题。

在婚姻方面，老年人离婚和再婚现象日益普遍。尽管老年人的婚姻状态比较一致，多数人都选择了结婚，但是，这无法作为判断婚姻质量是否良好的依据。在老年时期，夫妻双方在心理、生理、爱好和生活习惯上都会有一定的改变，这种改变对夫妻关系有积极和消极的作用。影响老年人婚姻关系稳定的因素包括：第一，男女不平等，目前老年人的婚姻关系多数仍由男性主导，这对老年女性的生活质量产生了重要的影响。第二，一方出现婚外恋情，婚外恋不独属于年轻人，在社会转型中，老年人对于婚姻和家庭质量要求提高，从而对自身婚姻日益不满（徐勤，1998）。第三，再婚阻力大，封建传统思想对老年人再婚形成巨大精神压力，不敢公开自己的意愿。另外，老年人再婚的压力已从家庭因素逐渐转向了经济因素。中国人的传统是老人的财产必定由儿女继承，如何妥善考虑家庭关系与财产再分配，就成了制约老年人再婚的关键因素（汤亮，2011）。

在居住状况方面，老年人普遍倾向于与配偶或子女同住，反映了家庭纽带与居家养老的传统模式，并且他们的居住与户口类型、年龄层次及婚姻状况紧密相关。在农村地区，老年人的居住状况以与家人同住为主，城镇老年人选择入住养老机构的占比较农村老年人更高。而随着年龄的增长，老年人对照料的需求逐渐增加，会选择更加便于获得照料的居住模式。已婚的老年人主要与配偶共同居住或与配偶及子女同住，而未婚老年人入住养老机构的占比更高。

成都市的老年人与子女的代际关系仍处于就近居住、有一定的经济往来和较多陪伴的模式；但是在观念上与子女存在较多不一致，这表明成都市老年人与子女已经形成了"分而不离"的居住模式。中国人历来对家族的重视程度很高，从古代起就有尊老、敬老、爱老的传统。因此，中国老年人的赡养在很长一段时间内都是以家庭赡养为主导的。但是，近几年来，伴随着我国的经济和社会的不断进步，人们的思想行为和生活状态都在不断改变，这使得我国的家庭模式发生了很大的改变，由"鸟巢式"变为了"蜂巢式"（王树新 等，2002）。虽然老年人的居住模式已经改变，但与两代人完全分开的生活模式不同，两代人的代际关系变化为生活在一起、相互扶持的"分而不离"的居住模式。这样一来，两代人彼此独立，生活自由，还能时常联系，保持代际间的情感互动。

此外，多数老年人对孙辈提供过非正式照料。照料强度大，且认为照料孙辈是自己的"分内责任"。老年人对孙子女做出的贡献，表明他们不仅仅是一个受照顾者，而且还是积极承担起家庭责任，在家庭中发挥重要作用的主动照顾者，这极大程度上减少了家庭和社会对儿童教育和养育成本的负担，同时也为贝克尔关于家庭系统中利他主义行为的理论提供了实证依据。特别是中国的老年人，他们愿意为子女、为孙子女牺牲自己，这也从一个独特角度反映出中国传统文化中根深蒂固的家庭和谐观念。

但与此同时，仅有三成的老人期待晚年时能得到子女的照料，另外七成的老年人明确表示自己不期望从子女那里得到任何照料，老年人对子女的未来期待已经有所变化，老年人晚年多大程度上能够依赖子女存在不确定性。这表明，老年人对孙辈的非正式照料的无私付出无法在家庭中得到相应的利益回报，在这一方面，老年人与子女的关系符合代际剥削理论，即大量的老年照顾提供者在物质和精神方面被双重剥削。

二、政策建议

基于以上分析结论，本章对促进成都市老年人口的家庭发展和家庭支持提出以下政策建议。

（一）完善法律法规，保障老年人权益

一方面，政府应进一步完善老年人婚姻权益保护的政策体系，明确老年人在离婚、再婚过程中的权益保障，确保他们在面对婚姻问题时能够得到公平、公正的对待。另一方面，加强对老年人婚姻法律咨询和法律援助的服务，帮助他们了解相关法律法规，维护自身合法权益。此外，明确子女对老年人的赡养义务和法律责任，加大对子女剥削老年家庭成员行为的打击力度，对违法行为进行严厉惩处；同时，加强法律援助和司法救助工作，为老年人提供及时有效的法律帮助。

（二）注重老年人需求，打造适老化社区环境

老年人不与子女同住的现象比较普遍，不论是独居还是与其配偶居

住，适老化的生活环境都是提高老年人生活舒适度的重要方式。政府应合理规划城市空间布局，优化交通网络，方便老年人出行；同时，加强社区配套设施建设，如建设老年活动中心、医疗保健站等，满足老年人的基本生活和健康需求。

（三）完善社会支持体系，增进老年人精神福祉

与子女或年轻人观念相左、提供长时间非正式照料等情况，都会使老年人受到一定的精神压力。政府应考虑完善老年人可使用的社会支持渠道来保证其精神健康。例如，组织开展针对老年人的情感关怀和心理疏导活动，帮助他们建立积极健康的心态，增强应对生活压力的能力。同时，建立健全老年人心理健康服务体系，提供心理咨询、心理治疗等服务，帮助他们解决心理问题，提高生活质量。另外，社区作为老年人生活的重要场所，应加强对老年人的关心和支持。可以组织各种形式的活动，丰富老年人的精神生活。建立老年人互助组织，鼓励他们相互扶持、互相帮助。

（四）倡导家庭观念，提高家庭整体发展能力

一方面，社会各界应广泛宣传尊老敬老的传统美德，营造关爱老年人的社会氛围。通过媒体宣传、社区活动等方式，增强社会对老年人问题的关注度和理解度，提高公众对老年人离婚、再婚以及空巢独居问题的认识和理解。另一方面，子女作为老年人的直系血亲，应加强对老年人的关心和支持。无论是否与老年人共同居住，都应保持密切的联系和沟通，了解他们的生活状况和需求。子女应树立正确的家庭观念和价值观，认识到赡养父母是自己的责任和义务。在经济上给予老年人必要的支持，在情感上给予老年人足够的关爱。同时，尊重老年人的意愿和需求，与老年人保持良好的沟通和交流，共同营造和谐幸福的家庭氛围。这样不仅有利于提高个人的生活质量，还有助于提升整个家庭的向心力，从而强化家庭整体的抗风险能力。

第六章 成都老年人口养老意愿 与社区养老服务利用

第一节 引言

随着我国老年人口的增长，老年人口多层次、多样化养老服务需求与日俱增；与此同时，城镇化与现代化的快速发展，促使家庭结构和家庭代际关系发生变迁，从而给家庭养老带来了新的挑战。建立并完善与社会发展水平相协调、与人口发展水平相适应、与老年人养老意愿相匹配的养老服务体系，有利于保障老年人的晚年福祉和社会的长治久安。

一、养老意愿与影响因素

养老意愿是人们对养老行为所持有的主观看法和态度，包括养老责任人和养老地点，即"靠谁养老""在哪养老"（丁志宏，2014；孙书彦 等，2022），反映了老年人的养老规划与养老策略。更确切地说，养老意愿是人们对养老资源提供方式和养老模式的一种预期和偏好。养老意愿和养老模式之间存在着密切的关系，养老意愿是养老模式选择的基础和前提，反之，养老模式也是养老意愿的体现。

在我国，居家养老仍是主流养老模式。家庭是"9073"格局的重要基础，约90%的老年人选择居家养老，7%的老年人依托社区支持养老，3%的老年人选择入住养老院等机构养老（胡湛，2022；孙诗妮 等，2022）。

在养老地点选择偏好上，多数老年人偏好居家养老，这一选择受到个人年龄、子女数量、健康状况及受教育程度等因素的影响（李保霞，2023；尚晓丹，2019；徐祯蔚，2021）。老年人对于养老责任方的期待也呈现出差异：城市老年人更倾向于由政府、子女及老人自身共同承担养老责任，经济条件较好的城市老年人倾向于机构养老，而农村老年人则更多依赖子女养老；在特大城市中，子女同住占比下降，老年人家庭结构以夫妻同住为主，呈现出家庭居住安排去代际化的趋势（胡冬梅 等，2019）。

与此同时，传统的家庭代际关系近年来出现了较大变动，可能对国人养老意愿产生重要影响。中国传统文化对家庭团结和孝道十分重视，家庭成员之间的角色和责任分配相对固定，通常年长一代具有较高的权威，参与家庭的重大决策，代际之间形成了"养儿防老""家庭养老"等传统养老共识。但这些传统共识在社会转型期正面临挑战。现代化理论认为，在工业化程度较高的现代社会中，老年人自身因生理机能的衰退导致生产价值的降低，从而面临被忽视和被遗忘的窘境，个人生活水平下降，家庭与社会地位降低（陆杰华 等，2023；杨菊华，2023）。另外，现代化进程下，中国的家庭结构正从传统的大家庭向核心家庭转变，家庭中成年子女数量减少，"421"家庭结构变得普遍（许琪 等，2023），这种家庭结构的变化将直接影响家庭内部的养老资源和养老责任分配。城镇化、社会保障制度的发展，以及人口迁移流动现象的增加，也使得传统的家庭代际关系不确定性增加。社会价值观的演变和生活节奏的加快也导致了代际间价值观念的差异。

上述变化对养老意愿产生的影响具体体现在下列两方面。一方面，代际关系的变动增加了老年人对社会化养老服务的需求。由于家庭养老资源的减少和代际关系的变化，越来越多的老年人和他们的家庭成员开始寻求外部的养老服务和支持，如养老院和社区养老服务，以缓解家庭养老的压力（杜鹏 等，2024）。另一方面，家庭结构和代际关系的变化也导致老年人养老意愿的多样化。一些老年人更倾向于独居或同辈共居，享受相对独立的生活；而另一些与子女关系紧密、依赖子女的老年人，与子女同住的概率则较高，他们更期望与家庭成员共同生活，享受来自家庭的支持（沈

凯俊 等，2023；赵浩华，2024）。总之，随着代际关系在变动中传承，老年人拥有了更多的养老选择，这些选择不仅反映了养老服务市场的多元化，也体现了老年群体内部的需求和期望的差异化。

二、社区养老服务背景与现状

社区是地域性社会生活共同体，在实现人性关怀、提供养老服务方面，发挥着政府和市场无法替代的功能。社区养老是指以家庭为核心，以社区为依托，以老年人日间照料、生活护理、家政服务和精神慰藉为主要内容，以上门服务和社区日托为主要形式，并引入养老机构专业化服务方式的居家养老服务体系（邓志伟，2009）。社区养老服务可以满足老年人，特别是生活不能自理的老年人就近照料和家庭临时托老的需求，以及中国老年人居家养老、就近养老的愿望。社区养老可以有效整合社区资源，专业化地提供养老服务，发展社区养老是建设"社区依托型"社会养老服务体系不可或缺的重要内容，对于我国养老保障体系建设有重大意义。

社区养老服务主要包括实体社区服务和虚拟社区服务。实体社区服务指的是在老年人居住的社区内，通过建立具体的集聚型设施来提供养老服务，由三种服务类型构成：居家养老服务、社区中心服务和日间照料与短期住宿服务，它们各自承担着不同的角色和功能，共同满足社区老年人的养老需求。居家养老服务作为体系的核心，侧重于在老年人的家中提供日常生活照料、个人护理、健康监测和心理慰藉等服务。这种服务模式不仅有助于保持老年人独立性，还能够减轻家庭照护者的负担，使他们能够在工作和家庭责任之间找到平衡。居家养老服务的实施，需要专业人员和志愿者的共同努力，他们通过上门服务和家庭照护者培训等方式，确保老年人得到及时和合适的照护。

社区中心服务则为老年人提供了一个社交和活动的场所。在这里，老年人可以参与各种社交活动，如棋牌游戏、健身操、舞蹈班、手工艺制作等，不仅丰富了老年人的精神生活，还有助于他们建立社交网络，增强社会参与感。此外，社区中心还提供文化教育、法律咨询、健康促进等服务，满足老年人多样化的需求，促进其身心健康发展。

日间照料与短期住宿服务则针对那些需要临时照护或家庭照护者需要短暂休息的老年人。日间照料中心为老年人提供全天候的照护服务，包括老年食堂、健康站、老年活动中心等。老年食堂作为实体社区设施的一部分，不仅为老年人提供营养均衡的餐食，还成为老年人社交互动的场所。健康站则为老年人提供基础的健康检查和健康管理服务，包括定期血压测量、血糖监测等，帮助老年人及时发现健康问题，并提供相应的医疗建议和转诊服务。老年活动中心则丰富了老年人的精神文化生活，通过组织各种文化娱乐活动，如书画、舞蹈、音乐等，不仅提供了一个展示老年人才艺的平台，还可以促进老年人之间的交流与互助，提高他们的社会参与感和生活满意度。短期住宿服务则为老年人提供临时的住宿和照护，如术后恢复、家庭照护者休假等。这种服务模式为老年人提供了一个安全、专业的照护环境，使他们能够在家庭以外的地方得到适当的照护。

不同于实体社区服务，虚拟社区服务以利用现代信息技术，如大数据、云计算等建立的数字化养老服务平台为依托，通过互联网、智能手机等设备，为老年人提供线上健康咨询、紧急呼叫、在线购物等功能。在某些地区，虚拟社区服务还以电话热线的形式存在，为老年人提供更为直接和便捷的服务。这些热线通常由专业服务人员负责接听，可以为老年人提供医疗咨询、心理慰藉、信息查询等服务，确保他们在遇到问题时能够得到及时的帮助和支持。

依托社区的居家养老是大多数老人首选的养老方式。为满足老年人居家养老的需求，国家着重发展居家和社区养老服务。国务院办公厅印发的《关于推进基本养老服务体系建设的意见》中表明后续需要依托和整合现有资源，发展街道（镇）区域养老服务中心或为老服务综合体；支持养老机构运营社区养老服务设施，可按规定统筹养老服务资源；支持社会力量为老年人提供日间照料、助餐助洁、康复护理等服务；依托街道（镇）区域养老服务中心或为老服务综合体、社区养老服务设施以及村民委员会、社区居委会等基层力量提供家庭养老指导服务，帮助老年人家庭成员提高照护能力。

成都市政府亦高度重视社区养老服务的发展，近年来出台了一系列创新性的政策措施，旨在构建一个全面、高效的养老服务体系。2016 年实施的《成都市养老服务促进条例》，旨在构建一个健全的养老服务责任体系，确保政府、市场主体、社会组织、家庭及个人能够各司其职，共同推动养老服务的发展。2018 年，成都市出台了《成都市人民政府办公厅关于深化养老服务综合改革提升养老服务质量的实施意见》，同步印发推进社区嵌入式养老、老年人助餐服务体系建设、老年人家庭适老化改造等三个配套实施方案（"1+3"文件），在全面放开养老服务市场、深化居家和社区养老服务、促进养老服务融合创新发展、增强政策保障能力等方面都提出了具体改革措施。2021 年发布的《成都市"十四五"养老服务业发展规划》明确了四个方面的目标任务，包括进一步完善养老服务供给体系，增加文化娱乐和供养服务设施，显著提升服务能力；提高养老服务的质量和效益，提升服务质量的综合满意度；在养老服务产业的创新、融合、提质和升级方面，预期创造超过十万个就业机会；持续增强养老服务发展的支持要素，包括完善政策法规体系，加强人才培养和服务人员配备，以及增加养老服务发展的公益金投入占比。同时表明到 2025 年，成都将力争实现所有街道和有条件的镇至少建成一个社区养老服务综合体，每个区（市、县）至少建成一所以农村特困失能、残疾老年人专业照护为主的县级特困人员供养服务设施，并新增普惠养老床位一万张。

基于以上背景，本章依托调查数据，对成都市老年人口的养老意愿与社区养老服务利用进行详细分析，并提出未来发展建议。

第二节　成都老年人口养老意愿与服务利用情况
——基于抽样调查数据结果

一、养老意愿

养老意愿主要包括养老责任主体和养老地点两方面。调查数据显示，总体而言，老年人的养老意愿受传统价值观的影响，认为子女是第一养老责任人的老年人占比最高。绝大多数老年人认为自己家是养老的最佳地点；半数以上老年人不能接受在日间照料中心或养老机构长期养老。对于能接受日间照料中心、养老机构的老年人，其价格预期也远低于当前的市场价格。具体结果如下。

（一）认为子女是第一养老责任人占比最高

对于养老责任主体，调查问卷中设置了子女、老人自己及配偶、政府、所在社区（村）以及上述主体共同承担五个选项。表6-1显示，将子女视为首要责任人的老年人占比最高，为34.71%。共同承担、老人自己及配偶负责的占比也较高，分别为26.06%、23.39%。选择政府、所在社区（村）的占比较低，分别为13.51%和2.33%。结果说明，老年人对社会化养老有一定期待，但更多认为养老要由个人及家庭来承担。

表6-1　老年人养老责任主体选择　　　　　　　　单位:%

主体	总体	分户口类型		分年龄组			
		农业户口	非农业户口	50~59岁	60~69岁	70~79岁	80岁及以上
政府	13.51	11.14	15.93	10.21	16.09	12.90	20.34
社区或村委会	2.33	1.49	3.19	2.08	2.56	2.69	0
子女	34.71	42.26	27.01	40.21	30.35	32.53	44.07
自己或配偶	23.39	25.00	21.75	21.67	22.67	27.15	20.34
共同承担	26.06	20.11	32.12	25.83	28.33	24.73	15.25

注：N=1 458。分户口类型、分年龄组卡方检验均显著（P<0.05）。

养老责任人的选择存在城乡和年龄差异。相较于农业户口，非农业户口老年人更认可社会化养老方式（政府、社区、共同承担），认可子女是第一养老责任人的占比也更低。80岁及以上的老年人（高龄老人）更认可子女养老和政府养老，认可社区养老、自己负责、共同承担的占比都低于其他年龄组。

（二）居家养老是大多数老年人的选择

对于计划的养老地点，问卷中设置了自己家、子女家、社区日间照料中心（或托老所）、养老机构以及其他五个选项。计划在自己家养老的老年人占比最高，达81.85%；其次是计划在子女家养老，占比为9.74%。计划在日间照料中心与养老机构长期养老的老年人占比较低，分别为

2.87%和2.67%。另外还有2.87%的老年人选择其他，主要是选择互助养老这一新型养老模式。在养老地点的选择上存在城乡差异，非农业户口老年人对于日间照料中心、养老机构和其他方式认可度更高，而打算在自己家或子女家养老的占比均低于农业户口老年人（见表6-2）。

调查数据结果显示，养老意愿地点分布总体与"9073"养老模式吻合，但老年人对社区日间照料中心的认可度较低。

表6-2　老年人养老地点选择　　　　　　　　单位:%

地点	总体	分户口类型		分年龄组			
		农业户口	非农业户口	50~59岁	60~69岁	70~79岁	80岁及以上
自己家	81.85	84.12	79.42	85.40	79.59	80.32	84.48
子女家	9.74	10.45	8.99	6.97	10.39	11.86	12.08
日间照料中心	2.87	1.76	4.06	2.61	3.71	2.43	0
养老机构	2.67	1.49	3.91	2.61	2.60	2.96	1.72
其他	2.87	2.18	3.62	2.41	3.71	2.43	1.72

注：N=1 427。分户口类型卡方检验显著（$P<0.05$），分年龄组卡方检验不显著。

（三）老年人对社区和机构养老的接受度较低

调查进一步询问老年人是否接受在日间照料中心或养老机构长期养老。结果显示，明确能够接受上述养老方式的占比仅有33.93%和16.31%。农业户口老年人对二者的接受度明显低于非农业户口老年人。年龄越高，对二者的接受度越低（见表6-3、表6-4）。

表6-3　是否接受在日间照料中心长期养老　　　单位:%

	总体	分户口类型		分年龄组			
		农业户口	非农业户口	50~59岁	60~69岁	70~79岁	80岁及以上
能	33.93	23.67	44.52	38.18	36.78	25.83	25.00
不能	52.01	60.54	43.18	52.32	47.64	56.27	62.50
没想好	14.06	15.79	12.30	9.50	15.58	17.90	12.50

　　　注：N=1 307。分户口类型、分年龄组卡方检验均显著（$P<0.05$）。

表 6-4　是否接受在养老机构长期养老　　　　单位:%

	总体	分户口类型		分年龄组			
		农业户口	非农业户口	50~59 岁	60~69 岁	70~79 岁	80 岁及以上
能	16.31	10.22	22.59	17.78	17.34	13.81	10.94
不能	75.67	81.63	69.52	73.54	75.48	78.01	79.69
没想好	8.02	8.15	7.89	8.68	7.18	8.18	9.37

注：N=1 399。分户口类型卡方检验显著（ $P<0.05$ ），分年龄组卡方检验不显著。

（四）老年人对社会养老价格预期低

对于能够接受社区或机构养老的老年人，其价格预期远低于当前的市场均价。老年人表示能承受的日间照料中心每月最高收费为 100~6 000 元，平均值为 1 739 元，其中非农业户口老年人平均值为 1 930 元，农业户口老年人平均值为 1 348 元。能承受的养老机构每月最高收费为 300~7 000 元，平均值为 2 489 元，其中非农业户口老年人平均值为 2 633 元，农业户口老年人平均值为 2 205 元。实际上，当地老年人所在街道附近的日间照料中心或养老机构平均收费为 4 000 元左右，远高于老年人的价格预期。

老年人的养老意愿选择情况表明，家庭养老仍占主流的同时，老年人也逐渐意识到社会养老责任。老人视子女为养老第一责任人的占比最高，对其他多方力量也有所了解，但对纯社会养老的认可度不高，对社会养老价格的预期较低。

二、社区养老服务利用

（一）社区在老年活动组织及场地设施提供方面工作较为完善

在社区养老服务的推进过程中，成都市展现出了显著的成效，特别是在提供多样化养老服务方面。根据调查数据，社区内养老服务的平均覆盖率在多个领域都取得了令人瞩目的成绩。其中，覆盖率最高的三项服务是各类娱乐活动、活动室阅览室等场地和设施以及处理家庭邻里纠纷，覆盖率分别为 84.4%、79.8% 和 72.3%（见图 6-1）。

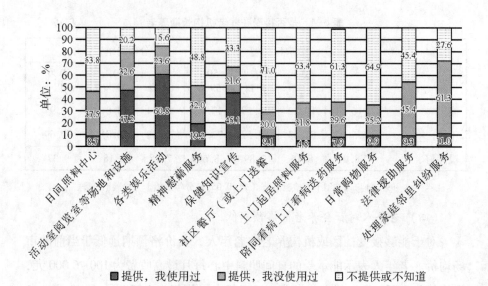

图6-1　社区各项养老服务覆盖率与使用率

　　这些高覆盖率反映出成都市社区养老服务的普及程度和社区居民对这些服务的高度认可。各类娱乐活动的高覆盖率表明，社区在丰富老年人精神文化生活方面做出了积极努力，通过组织各种文体活动，满足老年人的娱乐和社交需求，增强他们的幸福感和归属感。活动室阅览室等场地和设施的高覆盖率说明社区在提供适宜的休闲和学习空间方面做出了有效布局，为老年人提供了良好的学习和交流环境。而处理家庭邻里纠纷的高覆盖率则体现了社区在维护老年人合法权益和促进社区和谐方面的积极作用。

　　在平均使用率方面，各类娱乐活动、活动室阅览室等场地和设施以及保健知识宣传位居前列，使用率分别达到60.8%、47.2%和45.1%（见图6-1），进一步证实了这些服务在社区居民中的受欢迎程度和实际使用情况。娱乐活动的高使用率显示了老年人对于参与社区娱乐活动的积极态度，通过参与这些活动，他们不仅能够享受乐趣，还能够与其他居民建立联系，增进友谊。活动室阅览室等场地和设施的使用率则表明老年人对于自我提升和知识学习的渴望，他们利用这些资源进行阅读、学习，丰富自己的精神世界。保健知识宣传的高使用率则反映出老年人对于健康信息的关注和对提高生活质量的追求，通过学习保健知识，他们能够更好地了解如何维护自身健康，提高生活品质。

（二）社区在开展社区餐厅或上门送餐、日常购物服务、上门起居照料服务、陪同看病与上门看病送药服务方面存在提升空间

根据调查数据，上述四种社区服务的覆盖率相对较低，分别为29.1%、35.1%、36.6%和37.5%，显示出这些服务在社区中的普及还不够广泛。同时，这些服务的使用率也较低，分别为 9.06%、9.91%、4.82%和7.89%，表明即使这些服务存在，社区居民的实际使用情况也并不理想（见图6-1）。

在低覆盖率和使用率的背后，反映出社区工作人员数量有限的现实问题。由于这些服务需要大量的人力投入，包括专业的护理人员、送餐人员、购物服务人员等，人力资源的短缺直接影响了服务的提供和质量。此外，这些服务的有效开展还需要社区工作人员具备相应的专业知识和技能，以便更好地满足老年人的特殊需求，但这在现阶段难以得到满足。

（三）老年人最期待增加的项目是组织娱乐活动和提供各类上门服务

具体来看，有 15.65%的老年人希望增加各类娱乐活动，15.15%的老年人期待增加上门起居照料服务，13.88%的老年人希望加强社区餐厅及上门送餐服务，12.92%的老年人认为陪同看病与上门看病送药服务亟需增加（见图6-2）。

调查结果显示，一方面，尽管社区已经开展了一系列的老年相关活动，但老年人对于活动的频率和质量有着更高的期待。他们希望社区能够提供更加丰富多样、定期且具有一定专业水平的娱乐活动，以满足他们在精神文化生活方面的需求。这些活动不仅能够丰富老年人的日常生活，还能够帮助他们保持积极的心态，增强社交互动，从而提高生活质量。

另一方面，上门服务的需求也显示出老年人对于居家养老服务的信赖和期待。上门送餐、上门起居照料服务、陪同看病与上门送药服务等，都是部分老年人日常生活中非常需要的帮助。由于年龄的增长，老年人可能会面临行动不便、健康状况多变等问题，上门服务就显得尤为重要。他们希望通过这些服务得到更加贴心和便捷的生活照料，以及及时有效的医疗健康支持。

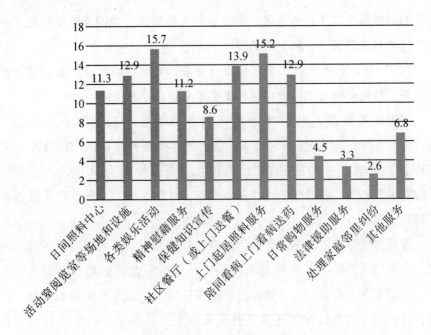

图 6-2　老年人认为需要增加的养老服务　单位:%

（四）社区日间照料中心还未充分发挥其功能

调查数据结果显示，日间照料中心在实际运行中还未能充分发挥其应有的功能，这在一定程度上影响了社区养老服务的整体效能。日间照料中心的覆盖率不足 50%，仅为 46.2%。日间照料中心的使用率也相对较低，仅有 8.7% 的老年人表示曾经使用过该服务（见图 6-1）。按照成都市的要求，到 2025 年，全市每个街道及有条件的镇至少建成运营 1 个社区养老服务综合体，社区日间照料机构覆盖率达到 95% 以上。除了服务实际提供不足以外，这也可能与老年人对于日间照料中心的认知不足有关，他们可能并不了解日间照料中心的具体功能和服务内容，或者对于该中心的存在并不知情。这种情况表明，社区在宣传推广日间照料中心方面还有很大的提升空间。

第三节　小结

一、主要结论

本章主要分析成都老年人个体养老意愿和社区养老资源利用现状。在个人养老意愿层面，老年群体虽在一定程度上对社会化养老模式展现出一定的期待，但受传统观念影响，他们普遍认为养老的主体责任应由个人及家庭来承担。因此，他们更倾向于选择在家中安度晚年，享受家庭带来的温暖与关怀。对于社区养老和机构养老这两种模式，多数老年人的接受程度相对较低。这既源于对陌生环境的担忧和对传统养老方式的依赖，也反映出对家庭生活的深厚情感。在养老费用预期上，中老年人对社区和机构养老服务的价格期望普遍偏低，远低于当前市场的平均价格水平。

在社区养老资源利用方面，尽管社区已开展了一系列服务项目，如社区餐厅、日常购物服务、上门起居照料服务以及送药服务等，但仍有较大的提升空间。这些服务在质量和覆盖范围上还有待进一步优化，以满足老年人日益增长的多元化需求。尤其值得注意的是，老年人对娱乐活动和上门服务的需求尤为突出。他们期望通过参与各类娱乐活动来丰富晚年生活，提升生活质量。同时，考虑到年龄和身体状况的限制，他们更倾向于享受便捷的上门服务，以便在家中就能解决日常生活所需。然而，目前社区日间照料中心的功能并未得到充分发挥。这可能是由于宣传不足、服务内容不够丰富、服务质量不够高等原因所致。为更好地满足老年人的养老需求，社区应进一步加大对日间照料中心的投入力度，提升其服务水平，使之成为支撑老年人养老的重要力量。

二、政策建议

在充分考虑老年人个体养老意愿、多方养老资源供给现状的基础上，以满足人民群众日益增长的养老服务需求为目标，成都市须进一步完善居家、社区、机构相协调的多层次养老服务体系。对此，提出如下建议。

（一）以社会化巩固家庭在养老体系中的基础功能

一是大力弘扬孝亲敬老中华传统美德，在全社会营造孝敬老人、关爱老人的浓厚氛围。倡导家庭成员"常回家看看"，主动为老年人提供养老的物质与精神支持。探索将重阳节定为法定节假日的可行性。二是为老年人的家庭照护者提供更多支持性服务，如护理津贴、喘息服务、带薪照料假等支持，切实减轻照料负担。加强对长期护理保险制度的宣传和介绍，鼓励符合条件家庭积极申请。为工作日无人照护的老人家庭提供智能看护服务。三是为老年人的家庭照护者提供家庭护理技能培训。开展公益性家庭护理技能培训，并针对老年人身心特征、常见疾病和急救知识等内容开展宣传教育，提高居家养老服务质量。四是加快推进公共空间和个人居所适老化改造进程。逐步扩大适老化改造的区域范围。个人居所改造从经济困难家庭和失能老人家庭逐步向有需要的普通老年人家庭扩展，探索合理的收费水平和改造模式。五是进一步完善户籍管理机制，破除基本养老服务实现常住人口全覆盖的制度壁垒。初步探索在全省范围内实现高龄津贴领取等信息共享的可行性，使流动老年人及所在家庭申领相关经济补贴时更加便利。

（二）以枢纽化增强社区在养老体系中的支撑作用

一是把握社区在多层次养老服务体系建设中的多重角色定位。社区是老年居民的紧密联系者和关怀者，是养老服务和养老政策信息的中转站，有条件的社区还可以成为一揽子老年服务的提供者。社区工作应不断提升服务水平，创新管理模式。二是提高社区老龄工作经费和工作人员数量。以社区人口规模结构现状和变动趋势为基础设定经费水平和工作人员数量。适当引入灵活就业岗位、志愿者群体和实习人员，提升服务水平。三是在符合要求的社区公共空间打造养老育幼服务综合体，方便老年人以及老年人的照护者近距离获取相关服务。四是提高日间照料中心的专业水平。日间照料中心除了阅览室、活动室的基本功能，需要提供配套的养老设施和养老服务才能对居家养老提供有效补充。加强工作人员和管理人员的专业性，配备有资质的护士、护工、社工作为工作人员。对日间照料中心的功能和服务进行宣传和介绍，提升居民对社会化养老的正确认识。五是继续增强社区餐厅、上门医疗和护理服务的可及性。通过外包等形式引入市场资源，探索"社区+物业+养老服务"等商业化模式，探索社区餐厅等服务覆盖社区全体居民的可行性，实现各类养老相关服务的长期盈利和运营维持。六是以社区活动、支部活动、志愿活动等形式联系随迁老人等群体，丰富老年居民的文化娱乐生活。各类社区活动应充分满足中老年人的参与意愿，尤其是注意吸纳流动老人、随迁老人，既满足老年人对社区活动开展的进一步要求，又加强社区的凝聚力。

（三）以制度化推动机构养老服务的多元化发展

一是加强民政部门对养老机构的分类和评级机制。根据空间场地、硬件设施、医疗资质、服务内容、服务水平等内容对养老机构进行分类和评级，对各类养老机构的服务内容和服务质量进行指导，并以此作为普惠型养老机构收费标准的依据。二是控制土地和房屋租金成本，将公办及公建民营养老机构收费控制在合理水平。由政府将原有空置房产划转给民政部门，用作公办及公建民营养老机构的使用。优化新建公办及公建民营养老机构的地理空间布局，适当向近郊区域等地价稍低区域布局。三是探索针对养老机构的最优补贴方式。从需求侧出发对个人进行补贴，而非从供给侧对参与建设运营的企事业单位提供补贴，切实降低个人选择社会化养老模式的经济负担。四是进一步促进养老机构提升医养结合能力，充分利用养老机构医疗资源。通过社区枢纽将养老机构医疗护理资源延伸到老年人家庭中，推广家庭养老床位，上门为失能老年人提供专业照护服务。五是加强养老机构工作人员的专业性。将工作人员持护工证或社工证上岗作为养老机构分类评级的标准之一，不断提高养老机构服务质量水平，打消部分老年人选择机构养老的顾虑。

第七章 成都老年人口社会参与

第一节 引言

社会参与是积极老龄化的一个核心维度，与死亡率、生活质量及认知能力等健康指标紧密相连。老年人进行社会参与，不仅可以体现老年人对社会的贡献和价值，还可以促进老年人的个人成长和幸福感。世界卫生组织将提升社会参与水平视为应对人口老龄化问题的关键策略。

一、社会参与和积极老龄化

《ICF 国际功能、残疾和健康分类》一书明确指出，社会参与指的是个体积极融入生活环境，执行各种任务与行动（世界卫生组织，2001）。这些活动和参与的范围涵盖多个方面，包括学习与应用知识，处理日常事务，运用语言或符号进行交流，搬运、移动或操作物体，通过行走、跑步或攀登以及使用交通工具实现移动，照顾个人身体与健康，完成家务与日常任务并帮助他人，进行人际交往与处理人际关系，履行教育、工作、就业中的各项任务与活动，以及参与家庭以外的有组织社会活动，如社区、社会和公民生活所需的活动。老年人社会参与是指老年人所参与的有益于社会或他人活动的总和，是满足老年人精神支持和实现自我价值的途径，主要包括经济活动、政治活动、社会活动以及家庭照料活动，也有部分学者认为家庭活动不属于社会参与。

社会参与是积极老龄化的一个核心维度。积极老龄化是指通过优化老年人口健康、参与以及保障的水平，以延长老年人的健康寿命，提高其生活质量的过程。2002 年，在联合国第二次世界老龄大会上，世界卫生组织在之前健康老龄化的基础上增加了"参与"与"保障"两个维度，将其发展为积极老龄化的政策框架。自此，积极老龄化作为应对 21 世纪老龄化的政策框架被正式提出，并在会议成果文件《政治宣言》中强调应当根据老年人自身的意愿和能力，为老年人提供参与各类社会活动的机会。

健康、参与、保障三维度共同支撑积极老龄化目标的实现。健康是积极老龄化的基础，不仅指身体健康，还包括心理健康和社会适应能力。保障涉及老年人在面临日常生活风险时能够得到的经济支持、照护服务、精神慰藉和心理关怀，包括养老保险、医疗保险、社会救助等社会保障体系的完善，以及家庭和社会对老年人的支持。参与包括老年人在经济、社会、文化和家庭等方面的活跃参与，不仅有助于老年人保持社会联系和提高生活质量，还能够促进社会资本的形成和传承。在现实中，社会参与是积极老龄化的核心内容，也是其区别于健康老龄化等老龄化理念的根本特质。为积极应对人口老龄化的全球趋势，学术界和政府基本达成了共识，即实施积极应对人口老龄化国家战略，鼓励老年人进行社会参与，强调老年人不仅是社会资源的消费者，也是贡献者和参与者。

二、老年人社会参与的意义

社会参与对老年人有着极其重要的意义。通过社会参与，老年人得以积极投入到社会生活中，获得新的社会角色，减缓身心功能下降，保持身心健康。同时，能够有效抑制老年社会隔离，减少孤独感，并增强老年社会凝聚力。

在身体健康方面，进行社会参与往往需要一定的身体活动，这有助于减少老年人久坐时间，增加日常运动量。久坐对身体有害，而通过参与散步、园艺、社区环境保护等活动，老年人能够提高自己的活动水平，从而对预防和管理慢性疾病，如心脏病、糖尿病和高血压等产生潜在的积极影响（Kikuchi et al.，2017）。同时，通过持续不断地参与体育活动，老年人能够维持体重和促进整体健康（Georgian et al.，2016）。保持健康的体重有助于降低老年人患上多种慢性疾病的风险，同时也能提高老年人的生活质量，例如，定期的游泳、骑自行车或参加健身课程，不仅能够帮助老年人保持活力，还能够增强他们的肌肉力量和关节灵活性，从而让他们在日常生活中感觉更加自如和舒适。有学者指出，老年人的自评健康和社会参与之间可能存在互为因果的关系（陆杰华 等，2017）。

在认知健康方面，通过参与社会活动，老年人可以获得角色认同、陪伴和增强的社会意识，促进其认知活动，如记忆和解决问题（谢立黎 等，2021），并延缓老年人的认知衰退（王琼 等，2023）。当老年人投身于各种社会活动中，比如，参加社区中心的课程、志愿服务或是与朋友和家人的聚会时，他们的大脑会得到持续稳定的锻炼。这些活动往往需要他们运用思考、记忆和决策等认知技能，从而能够帮助他们保持大脑的活跃和敏捷。这种持续的心智活动能够提高老年人在日常生活中的认知能力，有效地延缓认知衰退的进程（Chen et al.，2024）。

在心理健康方面，大量研究表明社会参与能够提高老年人的心理健康水平。首先，社会参与能够增强其社会适应性。参与社会活动能够帮助老年人更好地适应快速变化的社会环境，同时，通过与不同年龄和背景的人交流，老年人能够保持思想的活跃，理解并接受新事物，从而减少因脱节感而产生的焦虑和不适。其次，社会参与能够降低老年人抑郁水平。老年人是抑郁症的高发人群，根据《2023 年度中国精神心理健康》蓝皮书，19.05%的老年人处于轻度抑郁状态，12.17%存在中高程度的抑郁情绪。社会参与对降低老年人抑郁发生风险具有积极作用（李月 等，2020）。通过研究城市老年人社会活动参与对健康的影响发现，社会参与有助于提升日常行为能力，社会参与越多的老年人其抑郁情绪也越少（张冲 等，2016）。那些社会参与可能性最小的老年人，社会参与对其心理健康的效用最突出（王金水 等，2021）。社会参与能够降低老年人抑郁情绪，主要是能够提供必要的社交互动和情感支持，这对于缓解老年人的孤独感和抑郁情绪至关重要，例如通过参与社区活动，老年人能够建立起新的友谊，感受到社区和社会的温暖和关怀。

　　老年人社会参与对于其家庭、社区和整个社会也有着重要意义。对于家庭而言，老年人的社会参与意味着家庭成员之间更多的互动和支持。当老年人积极融入社会，与家人分享他们的经验和智慧时，家庭关系会更加紧密，家庭氛围也会更加和谐。此外，老年人的社会参与，尤其是经济参与，还能为家庭带来一定的经济支持，减轻家庭的经济负担。对于社区而言，老年人的社会参与是构建和谐社区不可或缺的力量。老年人凭借其丰富的经验和人生阅历，在社区中扮演着重要的角色。他们可以参与社区管理和服务，为社区的发展出谋划策；也可以参与社区文化活动，传承和弘扬传统文化；还可以作为志愿者，为社区提供力所能及的帮助。这些活动不仅可以增强社区的凝聚力，还可以提升社区的文化氛围和整体形象。对于整个社会而言，老年人的社会参与是推动社会进步和发展的重要力量。老年人是社会的宝贵财富，他们积累了丰富的人生经验和智慧，当这些经验和智慧被充分挖掘和利用时，将会对社会的经济、文化、科技等领域产生积极的影响。同时，老年人的社会参与也有助于打破年龄歧视和偏见，推动社会的公平和包容。

三、老年人社会网络与互联网使用

　　社会网络构成了个体之间互动和资源共享的基础，是人们日常生活和社会参与不可或缺的一部分。对于老年群体而言，社会网络的作用尤为关键，它是老年人获取社会支持和养老资源的重要途径（刘燕 等，2014）。老年人通过社会网络与家人、朋友、邻居以及社区成员建立联系，这些联系不仅为他们提供了情感上的慰藉，还帮助他们在生活上得到必要的援助和支持。因此，社会网络对于维护老年人的生活质量和社会参与具有至关重要的影响。

　　互联网与老年人社会网络、社会参与之间的关系日益密切，老年人使用互联网，可以扩大社会交往范围，提升社会参与度。但它为人们的生活带来诸多便利的同时，也对老年群体融入数字化时代带来了巨大的挑战。老年群体的"数字鸿沟"是一个值得重视的问题。中国互联网络信息中心发布的第52次《中国互联网络发展状况统计报告》显示，截至2023年6

月，我国网民规模为10.79亿，较2022年12月增长1 109万人，互联网普及率达76.4%。从网民年龄结构来看，60岁及以上群体占比为13.0%，即60岁及以上老年网民规模达1.40亿，但老年人触网规模与其他年龄段人群相比仍存在明显差距。

研究表明，互联网使用能够改善老年人身心健康。基于中国家庭追踪调查（CFPS）2018年数据，互联网的使用与抑郁水平之间存在着负相关性，互联网使用越多，抑郁水平越低（李志光 等，2021）。对于老年群体而言，首先，互联网的使用能够显著提高老年人的社交活动频率，从而使其与亲人、朋友之间的交往更加频繁。在老年人使用互联网的过程中，亲属和朋友的支持可以对他们的健康状况产生积极的影响，同时老年人也能够不断扩大自身的社交网络，提高社会融入程度（E et al.，2023）。其次，通过使用互联网，老年人获得了继续学习的渠道，可以接触新知识，学习新技能，进而提升他们的社会适应水平。有研究表明，社会适应水平的提升可以增进老年人整体的身心健康（杜鹏 等，2023）。再次，互联网使用可以显著提升老年人自身幸福感、自评健康和认知能力（倪晨旭 等，2022）。最后，互联网的使用有助人们的就医行为。作为信息获取平台与服务平台，老年人可以通过互联网获取健康和疾病预防知识，在线咨询医疗问题，培养更健康的生活方式，最终改善身体健康状况（Wang et al.，2020）。

与此同时，也有研究表明互联网对老年人心理健康的影响存在城乡差异。互联网覆盖率和网络基础设施、教育水平、经济状况、社会文化因素和心理因素等多方面存在明显的城乡差距，互联网对城市老年人的心理健康有直接积极的影响，但是对农村老年人心理健康并没有显著影响（Zhang et al.，2021）。

总体而言，增强老年人的能力以及促进他们进行充分的社会参与，是推动"老有所事"的基本要素。基于此，本章依托调查数据，对成都市老年人口的社会参与情况进行详细分析，并提出未来发展建议。

第二节　成都老年人口社会参与情况与老化态度
——基于抽样调查数据结果

一、社会网络

本部分探讨了成都市老年人的社交网络结构及特征。研究发现，虽然大多数老年人拥有较为广泛的社交网络，涵盖核心家庭、亲属、同事及朋友等多个层级，但这些社交联系的紧密程度相对较低。特别是在非核心家庭成员层面，数据显示，超过八成的老年人每月至少与亲戚或朋友进行一次社交活动，但真正能够谈论私事或提供实际帮助的占比相对较低。具体结果如下。

（一）在月度周期内，多数老年人保持着与亲友的交往

根据调查数据，67.09%的老年人与至少一位亲戚每月来往至少一次，更有21.74%的老年人与至少五位亲戚每月来往至少一次。71.28%的老年人与至少一位朋友每月至少来往一次，更有34.09%的老年人与至少五位朋友每月至少来往一次（见表7-1）。该结果表明，整体而言，老年人与亲朋好友之间保持着 定频率的交往，部分老年人交往活跃。这不仅展现了老年人积极的生活态度和社交需求，还体现了他们对人际关系的珍视和维护。值得注意的是，与朋友保持交往的占比高于亲人，这一现象既有可能与家庭结构的变化和家庭成员的忙碌程度有关，也有可能表明，随着年龄的增长，老年人的生活重心逐渐从家庭转向社交活动，更加注重与志同道合的朋友建立友谊。

表7-1　老年人社会网络情况　　　　　　单位:%

	与亲戚交往			与朋友交往		
	一个月至少来往一次	很放心地讨论私人事宜	关系很好而可以找他们帮忙	一个月至少来往一次	很放心地讨论私人事宜	关系很好而可以找他们帮忙
没有	32.91	37.72	33.04	28.72	45.18	39.36
一个	9.76	10.46	9.41	5.51	9.58	9.35

表7-1（续）

	与亲戚交往			与朋友交往		
	一个月至少来往一次	很放心地讨论私人事宜	关系很好而可以找他们帮忙	一个月至少来往一次	很放心地讨论私人事宜	关系很好而可以找他们帮忙
两个	14.85	19.23	17.67	13.29	18.27	19.17
三到四个	20.74	17.75	20.72	18.39	14.54	15.21
五到八个	13.38	10.39	12.59	13.96	6.79	7.84
九个或更多	8.36	4.45	6.57	20.13	5.64	9.07
总计	100	100	100	100	100	100

（二）老年人与朋友深层交往程度略低于与亲戚的交往

深层社会交往指可以"很放心地讨论私人事宜"（谈论私事）以及"关系很好而可以找他们帮忙"（寻求帮助）。表7-1显示，有37.72%的老年人表示没有亲戚可以谈论私事；有33.04%的老年人表示没有亲戚可以寻求帮助；而对于朋友，占比分别为45.18%和39.36%。有14.84%的老年人表示可以与至少五位亲戚谈论私事，19.16%的老年人可以向至少五位亲戚寻求帮助。有12.43%的老年人表示可以与至少五位朋友谈论私事，16.91%的老年人可以向至少五位朋友寻求帮助。老年人与亲戚之间的深层交往程度略高于与朋友之间的交往，表明亲戚间的血缘和情感纽带更为牢固，但这并不意味着可以忽视老年人与朋友之间的交往，因为朋友同样在老年人的生活中扮演着不可或缺的角色。

二、社会参与

作为社会参与的重要组成部分，老年人的劳动参与情况已在第四章进行了分析说明。除此之外，对于老年人的社会参与，问卷中涉及投票选举活动、志愿活动和文化娱乐活动等社会参与内容。具体结果如下。

（一）多数老年人参与过投票选举活动

表7-2显示，近三年中，72.19%的老年人参加过居民或村民委员会选举，47.34%的老年人参加过人大代表选举。于此同时，仍然分别有8.62%和12.70%的老年人表示没参加且不知道有居民（村民）委员会选举和人

大代表选举活动，反映了在选举活动的宣传和推广方面，街道和社区的工作仍有待加强。

表 7-2　老年人参与投票选举情况　　　单位:%

	居民委员会 或村民委员会选举 （N=1 496）	人大代表选举 （N=1 464）
参加了	72.19	47.34
没参加但知道活动	19.19	34.70
没参加且不知道活动	8.62	12.70
不适用	0.00	5.26

（二）多数老年人至少参加了一项志愿活动

过去一年中，大部分老年人至少参加了一项志愿活动，占比为71.55%。参与环境卫生保护的老年人占比最高，为50.03%。其他参与率较高的志愿活动包括陪同他人聊天（46.85%）、调节邻里纠纷（38.79%）和社区治安巡逻（36.92%）。有15.53%的老年人几乎每天都会陪同他人聊天。参与率最低的志愿活动为需要专业技术的志愿服务，仅为14.16%（见表7-3）。这表明，老年人更倾向于参与一些较为简单的社区志愿服务活动，这些活动不需要特定的专业技能，老年人可以凭借自己的生活经验和热情参与其中，为社区做出贡献。

表 7-3　老年人参与志愿活动情况　　　单位:%

	没参加	一年几次	每月至少一次	每周至少一次	几乎每天	总计
环境卫生保护	49.97	21.90	15.33	7.56	5.24	100
陪同他人聊天	53.15	11.02	9.75	10.55	15.53	100
调解邻里纠纷	61.21	23.81	9.55	4.31	1.12	100
社区治安巡逻	63.08	16.93	10.69	5.91	3.39	100
关心教育下一代，不包括自己的孙子女	71.21	14.63	6.05	4.92	3.19	100

表7-3(续)

	没参加	一年几次	每月至少一次	每周至少一次	几乎每天	总计
做文明交通劝导员	71.37	16.70	7.09	3.31	1.53	100
照料别人家的老人/小孩	76.66	12.70	6.12	3.59	0.93	100
需要专业技术的志愿服务	85.84	8.22	3.41	2.07	0.46	100
其他	89.51	6.22	2.45	0.98	0.84	100

注：N=1 507。

与此同时，仍有近三成老年人没有参加过或不再参加志愿活动。不参加或不再参加的最重要原因包括身体健康状况不允许（35.50%）、要照料他人（14.62%）和要工作（9.98%）。但除去这些个人、家庭客观因素，其他原因包括不知道有这些活动（8.58%）、不知道怎么参加（7.19%）、没人组织（4.41%）等，说明社区在志愿服务活动的组织和宣传层面存在不足（见表7-4）。

表7-4　老年人不参与/不再参与志愿活动原因　　　　单位:%

	最重要原因	第二重要原因	第三重要原因
健康状况不允许	35.50	6.16	6.80
要照料他人	14.62	8.06	7.77
要工作	9.98	3.32	1.94
不知道有这些活动	8.58	18.01	25.24
不感兴趣	8.12	9.48	13.59
不知道怎么参加	7.19	11.85	13.59
没人组织	4.41	12.32	8.74
要参加其他休闲娱乐活动	2.09	2.37	1.94
要做家务	1.39	8.53	6.80
觉得自己没有一技之长	1.16	2.84	1.94
得不到认可	0.70	2.37	1.94
距离太远	0.46	3.79	1.94
不想担责任	0.46	1.42	0.97
经济条件不允许	0.46	1.90	3.88

表7-4(续)

	最重要原因	第二重要原因	第三重要原因
子女不赞成	0.00	1.42	0.00
其他	4.88	6.16	2.92

（三）老年人参与的文化娱乐活动多样

过去一年中，老年人参与较多的文化娱乐活动包括看电视/听广播/读书/看报/听戏、串门/与朋友交往、参加社区组织的集体活动、种花/种菜/养宠物、打麻将/下棋/打牌等，老年人参与占比均超过半数（见表7-5）。对于几乎每天进行的活动，看电视/听广播/读书/看报/听戏、种花/种菜/养宠物、串门/与朋友交往的占比最高，分别为78.88%、48.54%和33.73%。但与此同时，老年人上老年大学或参加培训课程的占比较低，仅有17.13%的老年人在过去一年中参加过。这表明，尽管近年来国家大力倡导建设老年大学、社区老年学校，以满足老年人对知识和文化的追求，但当前老年教育领域的参与度有待提高。

表 7-5　老年人参与文化娱乐活动情况　　　　单位:%

	没参加	一年几次	每月至少一次	每周至少一次	几乎每天	总计
看电视/听广播/读书/看报/听戏	4.82	2.90	3.23	10.17	78.88	100
串门/与朋友交往	22.16	13.76	12.43	17.92	33.73	100
参加社区组织的集体活动	33.33	31.60	20.36	11.44	3.27	100
种花/种菜/养宠物	34.90	5.63	3.58	7.35	48.54	100
打麻将/下棋/打牌等	42.17	10.91	12.49	20.89	13.54	100
唱歌/弹奏乐器	67.31	8.06	4.69	11.43	8.51	100
广场舞/太极拳等户外活动	69.60	4.16	2.78	7.01	16.45	100
上老年大学或参加培训课程	82.87	7.54	3.04	6.15	0.40	100
宗教活动	95.80	2.93	0.73	0.27	0.27	100

三、互联网使用

（一）老年群体的互联网使用率整体较高，主要使用手机上网

表 7-6 显示，大部分老年人每天都使用互联网，占比为 68.63%；从不上网的老年人占比为 24.75%。非农业户口老年人每天都上网的占比高于农业户口，分别为 76.94% 和 60.52%。年龄越低，互联网使用频率越高，50~59 岁年龄段每天都上网的比重高达 84.47%，而对于 80 岁及以上的高龄老人，56.76% 从不上网。

表 7-6　老年人互联网使用情况　　　　　　　　单位:%

具体类别		每天都上	每星期至少上一次	每月至少上一次	每年上几次	从不上网	总计
全体		68.63	5.50	0.33	0.79	24.75	100
分性别	男	66.32	6.81	0.35	0.52	26.00	100
	女	70.04	4.69	0.32	0.96	23.99	100
分户口类型	农业户口	60.52	6.01	0.26	0.92	32.29	100
	非农业户口	76.94	4.97	0.40	0.67	17.02	100
分年龄组	50~59 岁	84.47	4.94	0.71	0.94	8.94	100
	60~69 岁	72.90	6.05	0.34	0.84	19.87	100
	70~79 岁	52.15	5.02	0.00	0.72	42.11	100
	80 岁及以上	36.49	6.75	0.00	0.00	56.76	100

注：N=1 511。分户口类型、年龄组卡方检验显著（$P<0.05$），分性别卡方检验不显著。

表 7-7 和表 7-8 显示了老年人使用互联网所用的设备和熟练程度。在上网的老年人中，使用手机上网占比最高，为 98.06%，熟练程度为比较熟练（32.10%）和一般（31.56%）的居多。使用电脑上网的占比为 15.19%，熟练程度为一般（37.43%）和比较熟练（29.24%）的较多。使用平板电脑的占比仅为 11.11%，熟练程度为一般（33.60%）和比较熟练（28.00%）的较多。

表 7-7　老年人使用互联网的设备　　　　单位:%

	手机上网 （N=1 136）	电脑上网 （N=1 126）	平板上网 （N=1 125）
是	98.06	15.19	11.11
否	1.94	84.81	88.89
总计	100	100	100

表 7-8　老年人使用互联网熟练程度（%）

	手机上网熟练程度	电脑上网熟练程度	平板上网熟练程度
非常不熟练	3.87	2.34	1.60
比较不熟练	23.65	20.47	18.40
一般	31.56	37.43	33.60
比较熟练	32.10	29.24	28.00
非常熟练	8.82	10.52	18.40
总计	100	100	100

（二）老年人主要使用互联网进行通讯、娱乐和信息获取

老年人使用互联网的用途，按照占比从高到低排序为：语音、视频聊天（79.77%），听音乐/广播、看视频（76.69%），看新闻（71.15%），文字聊天（57.26%），上网购物（51.45%），浏览其他信息（43.45%），交通出行（19.26%），玩游戏（13.10%），管理健康（12.40%），学习培训（12.40%），以及投资理财（4.22%）；另有0.97%的老年人表示会使用互联网做其他事情，包括工作、唱歌等（见表7-9）。

表 7-9　老年人使用互联网用途　　　　单位:%

用途	是	否
语音、视频聊天	79.77	20.23
听音乐/广播、看视频	76.69	23.31
看新闻	71.15	28.85
文字聊天	57.26	42.74
购物	51.45	48.55

表7-9（续）

用途	是	否
浏览除新闻外的各类文章/信息	43.45	56.55
交通出行	19.26	80.74
玩游戏	13.10	86.90
管理健康	12.40	87.60
学习培训	12.40	87.60
投资理财（如炒股、买基金等）	4.22	95.78
其他	0.97	99.03
不知道或拒答	0.62	99.38

（三）大多数老年人使用互联网时存在障碍

表7-10显示，高达83.64%老年人表示在使用互联网时存在一种或多种障碍。各类障碍按照选择占比从高到低排序为：不知道如何使用软件（52.24%）、不知道如何使用设备（44.59%）、网络不好信号不佳（38.70%）、字太小无法阅读（34.92%）、担心个人隐私和信息安全问题（33.77%）、不能判断信息的真假（28.67%）、找不到想要的信息（15.30%）、缺少上网设备（2.11%）。另有2.02%的老年人表示使用互联网时有其他障碍，如网络上有不健康内容、垃圾广告过多、容易沉迷等（见表7-10）。

表7-10　老年人使用互联网障碍　　　　单位:%

障碍	是	否
不知道如何使用（或操作）软件或应用程序	52.24	47.76
不知道如何使用（或操作）设备	44.59	55.41
网络不好，信号不佳	38.70	61.30
设备/网页上的字太小，无法阅读	34.92	65.08
担心个人隐私和信息安全问题	33.77	66.23
不能判断信息的真假	28.67	71.33
找不到想要的信息	15.30	84.70
缺少上网设备	2.11	97.89

表7-10(续)

障碍	是	否
其他	2.02	97.98
没有障碍	13.90	86.10
不知道或拒答	2.46	97.54

注：N=1 137。

（四）老年人遇到互联网使用困难、障碍时，更倾向求助子女或孙辈

表7-11显示，对于使用互联网存在障碍的老年人，在遇到使用困难时，更愿意向子女或孙子女求助，占比为67.85%，其次是朋友或邻居，为12.22%。老年人主要选择向子女或孙子女求助，这一占比显著高于其他选项，说明家庭在老年人生活中的重要支持作用。这种跨代的互动不仅有助于解决老年人的实际问题，还能够促进代际交流和理解，增强家庭纽带作用。向志愿者求助的占比最低，仅为0.86%，这可能说明老年人对于社区志愿服务的认知度不高，或者在实际操作中难以接触到相关的志愿者资源。值得注意的是，有7.40%的老年人表示即使遇到互联网使用困难，也不愿求助他人。这种态度可能源于他们的自尊心，以及对依赖他人的担忧，然而，其可能会进一步增加他们在使用互联网时遇到的困难，形成恶性循环。

表7-11　老年人遇到互联网使用障碍时的求助对象　　单位:%

求助对象	占比
子女或孙子女	67.85
朋友或邻居	12.22
社区或居委会工作人员	5.25
配偶	5.04
其他亲戚	1.38
志愿者	0.86
不愿求助	7.40

注：N=933。

（五）互联网为老年人生活带来便利

表7-12显示，大部分老年人（78.94%）认为，互联网对其生活带来了一定的便利，特别是在社会交往、了解新闻和休闲娱乐等方面，从高到底排序为：社会交往（61.71%）、了解新闻（59.80%）、休闲娱乐（57.24%）、购物消费（47.04%）、出行旅游（19.93%）、健康服务（18.16%）、学习培训（12.70%）、投资理财（5.13%）。同时，有10.86%的老年人认为互联网没有为其带来任何便利。

表7-12　老年人认为使用互联网带来便利　　　　单位:%

内容	是	否
社会交往	61.71	38.29
了解新闻	59.80	40.20
休闲娱乐	57.24	42.76
购物消费	47.04	52.96
出行旅游	19.93	80.07
健康服务	18.16	81.84
学习培训	12.70	87.30
投资理财	5.13	94.87
没有任何便利	10.86	89.14
不知道或拒答	10.20	89.80

表7-13显示，大部分老年人（69.34%）认为互联网没有带来任何不便。对于其他老年人，互联网对生活各方面带来不便的占比从高到低排序为：购物消费（4.01%）、社会交往（3.42%）、健康服务（2.83%）、投资理财（2.83%）、了解新闻（2.43%）、学习培训（2.04%）、出行旅游（1.97%）以及休闲娱乐（1.84%）。

表7-13　老年人认为使用互联网带来不便　　　　单位:%

内容	是	否
购物消费	4.01	95.99

表7-13（续）

内容	是	否
社会交往	3.42	96.58
健康服务	2.83	97.17
投资理财	2.83	97.17
了解新闻	2.43	97.57
学习培训	2.04	97.96
出行旅游	1.97	98.03
休闲娱乐	1.84	98.16
没有任何不便	69.34	30.66
不知道或拒答	19.93	80.07

四、老化态度

对老化态度的测量选择了来自标准老化态度问卷（Attitudes to Aging Questionnaire，AAQ）的7个问题。该问卷由 Laidlaw 等于2007年编制，用于评估60岁及以上老年人对于老化的态度，问卷各维度 Cronbach's a 系数为0.737~0.809。该问卷由黄一帆等人于2010年翻译修订，用于评估中国本土老年人的老化态度。问卷包括心理社会丧失（8个条目）、身体变化（8个条目）和心理获得（8个条目），共3个维度24个条目。均采用 Likert 5级评分，从完全不正确到完全正确分别赋值1~5分，其中心理社会丧失维度为反向计分。总分24~120分，得分越高，说明老化态度越积极（黄一帆 等，2010）。

本书节选了该问卷中的身体变化维度1个条目"我觉得我已经老了"；社会心理丧失维度3个条目"变老是一个不断失去的过程（如失去健康、能力、亲朋好友等）"等；以及社会心理获得维度3个条目"年龄越大的人，处理生活问题的能力越强"等。计分同样参考 Likert 5级评分，完整回答7个条目的老年人数量为1 367，回答率89.88%。总得分区间为7~35分，受访者实际得分在9~35分之间，平均分22.75分，得分众数为24分，中位数为23分。从回答者的得分段来看，绝大部分老年人的老化态度

157

得分在 15~28 分区间内。得分在 22~28 分的数量占比最高，达到了 55.30%；其次是 15~21 分，分段占比为 34.46%；9~14 分占比 2.63%（见图 7-1）。

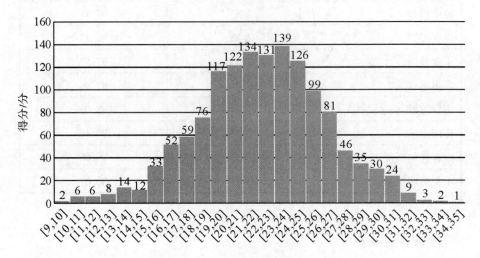

图 7-1　老化态度得分分布

整体而言，老化态度得分的高分区间占比高于低分区间，平均得分、众数及中位数均位于 22~24 分范围内。这表明，大多数老年人拥有较为积极的老化态度。老年人意识到自己身体机能、心理方面的变化，但多数老年人能保持乐观心态并加以应对，且并不认为自己由于年龄的增长而遭到了排斥。

具体条目得分表明，约一半老年人认为自己已步入老年，且认为变老是一个不断失去的过程，比如健康、亲友离世等。同时，只有约三成老年人认为人的智慧和处理问题的能力随年龄增长而增强。这些结果显示出老年人对于变老的消极看法。但与此同时，亦有约 70% 的老年人认为年龄不会限制社交活动，变老后不会更难交到朋友；约 80% 的老年人否认自己因年龄被排斥；约 2/3 的老年人认同变老也有许多令人愉快的事（见表 7-14）。这些数据反映了老年人在面对年龄增长时，依然保持着对生活的热爱和对自我价值的肯定，积极参与各种社交活动，享受着社交带来的乐趣和满足感。

表 7-14　老年人对老化态度具体条目选择
"非常同意"或"比较同意"的比重　　　　　　　单位:%

观点	非常同意或比较同意
我觉得我已经老了	47.54
变老是一个不断失去的过程	51.54
老了以后更难交到新朋友了	30.11
因为我的年龄我感到自己被排斥	18.02
年龄越大的人处理生活问题的能力越强	35.17
智慧随年龄而增长	38.86
变老也有许多令人愉快的事	62.33

第三节　小结

一、主要结论

本章详细分析了成都市老年人社会参与、互联网使用现状以及老化态度，为深入理解老年群体的生活状态和需求提供了重要依据。在积极应对人口老龄化的战略框架下，提高老年人的社会参与度不仅关乎其生活质量，更是社会和谐稳定的重要基石。

首先，社会参与涵盖了社会网络、社会活动以及互联网使用等多个维度，这些方面对于老年人的精神生活、健康状况以及社会适应力都具有不可忽视的影响。然而，调查数据显示，虽然老年人在社交活动上保持了一定的活跃度，但深入交流和互助的占比相对较低。这可能是由于部分老年人面临着身体健康、生活环境等多重因素的限制，导致他们在社交中难以深入交流和建立紧密的互助关系。

其次，在社会活动、尤其是志愿活动和文化娱乐活动层面，老年人的参与度也受到一定客观因素的限制，如自身健康状况欠佳、需要照顾家人等，使很多老年人无法积极参与社会活动。这种生活状态可能导致老年人

159

社交圈逐渐缩小，缺乏与外界的交流和互动，进而影响到他们的社会适应能力和生活质量。但与此同时，部分老年人表示不知道社区组织的活动或不知道具体如何参与，说明社区在活动的组织和宣传层面存在不足。可能原因之一是，许多活动主要通过小区微信群进行发布，这对使用智能机、互联网不熟练的老年人来说是不小的挑战。

再次，随着科技的快速发展，互联网已成为人们生活中不可或缺的一部分。然而，对于许多老年人来说，他们在操作互联网时面临诸多障碍。由于不熟悉操作方式，缺乏相关技能，以及视力、听力等生理机能的衰退，老年人在使用互联网时往往感到力不从心。当遇到互联网使用困难时，他们更倾向于向子女或孙辈求助，而非社区工作人员。这反映出老年人在互联网使用方面的支持体系尚待完善，需要社区和社会提供更多的互联网培训和支持服务，以帮助老年人更好地适应数字时代的生活。

最后，在老年人的老化态度方面，整体而言老年人对老化持较为积极的态度，认为年龄不会限制其社交活动，变老也有许多令人愉快的事，但在某些维度也显示出偏消极的想法，比如，不认同智慧和处理问题的能力随年龄增长而增强。为了更加全面地促进老年人的心理健康，我们需要鼓励老年人以及整个社会打破年龄歧视的桎梏，意识到年龄并非限制，而是一种宝贵的财富。随着年龄的增长，尽管身体可能有所变化，但内心世界却愈发丰富，他们深厚的经验和智慧对于家庭、社区乃至国家都发挥着不可替代的作用。

二、政策建议

面对这些问题和挑战，需要从多方面入手来推动老年人的社会参与。首先，政府和社会组织可以加强老年人社交活动的组织和引导，提供更多的社交平台和机会，促进老年人之间的交流和互动。其次，社区和家庭成员也可以积极支持老年人的社交活动，帮助他们扩大社交圈子，建立更多的社会关系。最后，还需要关注老年人的身体健康和生活环境等问题，为他们创造更好的生活条件和社会环境。

（一）构建老年人社会参与的多元平台

建议通过建立老年人活动中心、社区俱乐部、老年大学等场所，为老年人提供社交、教育、文化和体育等多元化活动。这些活动中心应成为老年人社会参与的枢纽，促进他们的社会互动和知识更新，同时为他们提供展示个人才能的平台。此外，应鼓励老年人参与社区治理和志愿服务，发挥他们的经验和智慧，增强他们的社会责任感和成就感。

（二）丰富老年人的文化娱乐活动与精神生活

建议街道、社区通过举办各类文化体育活动，如老年人艺术节、运动会、讲座和展览等，鼓励老年人积极参与。这些活动不仅能够促进老年人的身心健康，还能够增强他们的社会归属感和生活满意度。同时，应鼓励老年人参与文化创作和体育竞赛，发挥他们的创造力和竞技精神，提升他们的生活质量和社会影响力。

（三）推进公共设施的无障碍设计与改造

公共设施的适老化改造应当成为城市规划的重点。建议对公共交通、公园、图书馆等公共空间进行无障碍设计改造，确保老年人，尤其行动不便的老年人能够平等、便利地享受城市资源和服务。此外，应加强对老年人出行安全的宣传教育，提高社会公众对老年人友好出行环境的认识，并在城市规划中充分考虑老年人的特殊需求。

（四）提升老年人的数字素养与科技应用能力

随着信息技术的发展，建议开展针对老年人的数字素养教育，帮助他们掌握使用智能设备和互联网的技能。这不仅有助于老年人更好地适应现代社会，还能够为他们提供新的学习和交流方式，拓宽社会参与的途径。同时，应鼓励科技企业和社会组织开发适合老年人使用的应用程序和辅助工具，降低老年人使用科技产品的难度。

（五）消除年龄歧视

消除年龄歧视是一个社会进步的重要标志，它关乎着每个人的尊严和平等。政府和社会各界应当共同努力，制定和完善相关法律法规，涵盖就业、教育、医疗、社会服务等各个领域，确保老年人在各个生活阶段都能享受到公平、公正的待遇。同时，注重传承和弘扬中华民族尊老爱幼的传统美德，让每个人都能够尊重、关爱身边的老年人。

第八章　成都老年人口死亡态度

第一节　引言

"善终"是每个人在生命的最后想要实现的目标，尤其随着我国经济社会的全面发展，人们对生命晚期的生活质量有了更高的要求。根据埃里克森的人格发展八阶段理论，老年期的主要任务是实现自我完整，接纳生死的必然性，以超然的态度对待生命和死亡，提高生命质量。在加速老龄化这一宏观趋势背后，如何妥善安置、服务身体逐渐衰弱的老年人，确保他们不感到孤独无助，在精神和生活上都能维持应有的尊严，并帮助他们临终时能够有尊严地走向生命的终点，是老龄化社会亟待解决的一大现实问题。

一、死亡相关概念和对老年人的影响

（一）死亡概念

人们的死亡观是死亡标准建立的基础，受到生产力发展水平和其他社会因素制约（杨顺良 等，2024）。中国传统文化中对死亡定义的形式化基础是"气"，"气断"则代表人死（颜青山，2004）。传统的死亡概念是心肺呼吸停止，但现代医学研究表明，死亡是一个复杂的过程，心肺功能丧失并不代表大脑、肾脏和人体其他主要器官功能的停止，心跳和呼吸的停止作为死亡过程的一个层次，并不预示人作为一个整体死亡的必然发生

（郭自力，2001）。因此，死亡的判定从对心脏功能状态的评价转移到了脑。国家卫生和计划生育委员会脑损伤质控评价中心分别于 2014 年和 2015 年正式制订成人与儿童版的《脑死亡判定标准与技术规范》，并于 2019 年以五年临床实践为基础，以病例质控分析结果为依据，以专家委员会、技术委员会和咨询委员会意见为参考，修改完善并推出中国成人《脑死亡判定标准与操作规范（第二版）》以及《中国儿童脑死亡判定标准与操作规范》。基于此，适应我国文化和医疗技术水平的死亡有了医学上的标准判定。

与此同时，人是一个社会关系的集合，对于具有社会属性的人来说，死亡并非只是个体生命的终结，还与个体原有的社会关系及社会结构间的停止和重组有关，包括由于个体死亡而带来的殡葬仪式的人际互动，死亡导致家庭结构变化而带来的孤儿、失独家庭、老年丧偶等问题。

（二）死亡态度

态度是个人对特定对象以一种方式作出反应时所持的评价性的、较稳定的内部心理倾向（陈四光 等，2006）。死亡态度是指个体对死亡的认知与情感反应（韦庆旺 等，2015）。早期关于死亡态度的相关研究以自己及他人对死亡的恐惧、焦虑、逃避等负面态度为主要研究方向。死亡恐惧和死亡焦虑含义相近，区别在于死亡恐惧的对象多指具体的、特定的、可知觉到的人或物，而死亡焦虑的对象更倾向于模糊的、不确定的、不易察觉到的感觉。死亡逃避则强调回避与死亡相关的、会引发有关死亡联想的人或物，包括"死亡"的字眼、殡仪馆、墓园、遗嘱等，尽量不去想任何与死亡相关的事务，与我国"重生忌死"的文化相符（陈四光 等，2006）。后来研究者们逐渐认识到，人们对死亡不仅有负面态度，也可以拥有积极正向的死亡态度。葛瑟等在此基础上提出，人们面对死亡时还有接受态度，包括中立接受、趋近接受和逃离接受（Gesser et al., 1987）。中立接受是指认为死亡是人生中不可缺少的一部分，既不害怕死亡，也不欢迎死亡，把死亡看作生命中自然的一个部分。趋近接受认为死后有美好的来生，对死后的世界抱有积极正向的态度。逃离接受则强调个体对现实世界的生活感到痛苦，认为死亡是今生的解脱。总体而言，对于死亡，"恐惧"

"焦虑""逃避"为负向态度，"接受"为正向态度。由于年龄、性别、文化程度、身心健康状况、人格特质、宗教信仰等个体因素，以及文化思想、社会环境等社会因素的差别，不同个体的死亡态度有所差异。

大量学者研究发现，老年人的死亡态度与其主观幸福感密切相关。死亡是生命历程中的最后一个阶段，对死亡的态度不仅影响着个人对生命意义的看法，同时也影响个体对主观幸福感的理解。研究表明，死亡态度越积极的老年人，主观幸福感越高（刘连龙 等，2013）。死亡态度不仅可以直接影响幸福感，还可以通过生命意义感间接影响幸福感（孙梦霞 等，2011）。对社区老年慢性病病人的研究表明，其主观幸福感总分与中立接受得分呈正相关，而与死亡恐惧、死亡焦虑、趋近接受、逃离接受得分呈负相关（张淋淋 等，2013），这表明树立积极的死亡态度有助于提高老年人的主观幸福感，保持健康的心理状态，提高老年人的生命质量。

（三）死亡教育

死亡教育是生命教育的一部分。《医学伦理学词典》从教育内涵的维度，强调死亡教育旨在指导人们如何认识和对待死亡，以使人正确认识并对待自己及他人的生死问题（杜治政 等，2023）。也有研究者从死亡教育的结果出发，认为死亡教育是一种社会的特殊教育，通过传播死亡相关知识，培养与提升对死亡事件的应对和处理能力，帮助人们形成积极的死亡态度、敬畏生命、正视死亡，树立理性的生死价值观（罗羽 等，2018）。杨红等人从生命发展的角度，强调了认识生命、接纳死亡、积极成长是死亡教育的核心，通过普化死亡、理解情感，发展出尊重生命的人文精神，引发对生命意义的反思，帮助人们增加和促进对死亡的理解和认识（杨红等，2023）。在意义和价值层面，死亡教育是以死亡为主题而进行的相关思想、情感以及行为的教学，主旨在于增进人们对死亡的合理认识，减少对死亡的恐惧，最终帮助学习者构建理性的死亡观和生命观，指引学习者追求生命的价值，塑造更有意义的人生（迟西琴，2018）。在我国，死亡教育多面向医学生和生命末期患者开设，在一般人群中开设较少。

二、临终相关医疗服务和对老年人的影响

（一）生前预嘱、生命维持治疗和临终关怀的定义

生前预嘱、生命维持治疗和临终关怀等医疗信息，能够帮助老年人思考临终照护方式，提高生命末期的自决权，保障个人尊严。生前预嘱（living will）是指人们在健康或意识清楚时签署的，说明在不可治愈的伤病末期或临终时要或不要哪种医疗护理的指示文件（李宇芳 等，2014），包括在不同情况下是否接受生命维持治疗。生命维持治疗（life-sustaining teatments，LSTs）指通过特殊医疗仪器或技术延长病人生命却不能改善病情的一些医学治疗手段，包括心肺复苏（cardiopulmonary resuscitation，CPR）、人工辅助呼吸、插管喂饲、血液透析、营养支持等（Kwok et al.，2007）。由于生命维持治疗对生命末期患者的价值有限，所以经济情况、自评健康、生活质量等是患者是否接受生命维持治疗的重要考量因素。

临终关怀指在不可治愈的伤病末期或最后时刻，通过有效管理、缓解疼痛，为患者提供舒适的医护环境、良好的人际关系和强大的心灵支持，帮助患者及其家属有尊严地、舒适地走完人生的最后旅程，提升患者生命质量（岳林 等，2011）。2017年国家卫生健康委员会颁布的《安宁疗护中心基本标准和管理规范（试行）》中明确规定，安宁疗护中心应设置内科、疼痛科和临终关怀科。临终关怀服务是社会需求以及人类文明发展的标志，随着民众文化程度逐步提升，生死观念逐渐转变，从耗尽资产靠医疗手段艰难维持低质量的晚年生活的传统观念到如今人们更愿意尊重自然生命，在选择医疗照护的同时更加注重高质量的临终生活，民众对临终关怀服务的需求也愈发强烈。

（二）生前预嘱、生命维持治疗和临终关怀对个人、家庭、社会的影响

在个体层面，首先是保障老年人行使医疗自主权。由于年老和疾病的影响，老年人在生命末期可能会产生认知能力下降、表达能力丧失和行为能力丧失等情况，难以表达自己的医疗偏好和真实想法，导致在某些情况下事实架空了老年人的医疗自主权（陈凤，2024）。通过增强对生前预嘱的了解，可以帮助老年人在仍然较为健康或清醒时充分发挥个人自主权，

选择在临终时要或不要什么医疗护理、要或不要进行怎样的生命维持治疗。其次是保证老年人的死亡尊严，提高生命末期的生活质量。大多数老年人身患多种慢性疾病，生命末期伴随着身体疼痛、心理压力、经济负担等多种复合情况，对生活的满意度和幸福感较低（Mcdonald et al.，2017）。临终关怀提供了一种多学科的生命末期护理方法，以满足个体及其家人多维度的需求，在身体层面包括症状控制和舒适护理，在心理层面包括对患者的人文关怀、心理支持、死亡教育和善终准备等服务（黄晨熹，2023；Kutner，2010）。临终关怀通过为患者减轻疼痛和提供全方位支持的方式，保障患者的生命尊严和生命质量，提高生命末期幸福感。

在家庭层面，一方面，在医护人员的协调、支持下，老年人和家属一起进行医疗决定的讨论，有利于老年人临终意愿的传递，并适当规避医疗替代决定的弊端。传统的观念认知往往会给家属施加难以逾越的道德压力和心理压力，有时还会产生过度医疗、过度抢救等情况，导致个体选择与家属利益相矛盾。通过学习生前预嘱、生命维持治疗和临终关怀的内涵，帮助老年人及其家属加强对临终医疗信息的了解和认识，建立老年人与家属沟通临终心愿的桥梁，做出更符合老年人价值观念的医疗决定。另一方面，面对老年人的死亡，家属也会产生较大心理压力与难过情绪，临终关怀将患者及其家属作为整体的服务对象，通过开展哀伤辅导等服务给予家属心理支持，合理舒缓悲伤情绪，帮助其恢复社会功能。

在社会层面，我国已进入加速老龄化时期，临终关怀等服务是完善医疗系统的重要推手，亦是保障老年人人权的具体表现（陆杰华 等，2018）。通过临终关怀帮助个体在生命末期坦然面对并接受死亡，可以避免医疗卫生资源的浪费（王凯 等，2017）。实施生前预嘱可以排除医疗机构因终止治疗而被归责的可能，帮助患者的医疗自主权行使扩展至生命终末期，消除医护人员在生前预嘱文件指示下放弃提供延长生命治疗的任何可能责任（陈凤，2024）。

基于以上背景，本章依托调查数据，分析成都老年人口的死亡态度，包括对临终医疗服务的了解程度、对医疗自主权的看法以及死亡焦虑程度，并提出未来发展建议。

第二节　成都老年人口死亡态度——基于抽样调查数据结果

一、对临终医疗服务的了解程度

（一）绝大部分老年人"没听过"或"不太了解"生前预嘱、生命维持治疗和临终关怀

调查通过"您了解生前预嘱吗？""您了解生命维持治疗吗？""您了解临终关怀吗？"三个题目来反映老年人对临终医疗服务的了解情况。总体来看，"没听过"生前预嘱、生命维持治疗和临终关怀老年人占比分别为76.87%、67.86%与70.73%；有13.50%、18.44%、17.41%的老年人"不太了解"生前预嘱、生命维持治疗和临终关怀；"比较了解"和"非常了解"的老年人占比低（见表8-1、表8-2、表8-3）。

表8-1　分年龄组的临终医疗服务了解程度　　　　单位:%

选项	全体	50~59岁	60~69岁	70~79岁	80岁及以上
对生前预嘱的了解程度					
没听过	76.87	74.64	76.17	80.37	79.03
不太了解	13.50	15.59	13.54	10.61	14.52
一般了解	5.16	5.82	5.60	4.24	1.61
比较了解	3.80	3.12	3.79	4.51	4.84
非常了解	0.67	0.83	0.90	0.27	0.00
对生命维持治疗的了解程度					
没听过	67.86	64.45	64.75	75.27	77.42
不太了解	18.44	21.21	18.88	14.63	16.13
一般了解	8.41	8.52	9.53	7.18	4.84
比较了解	4.34	4.57	5.94	2.13	1.61
非常了解	0.95	1.25	0.90	0.79	0.00

表 8-1（续）

选项	全体	50~59 岁	60~69 岁	70~79 岁	80 岁及以上
对临终关怀的了解程度					
没听过	70.73	66.39	69.37	76.66	80.64
不太了解	17.41	19.71	18.20	14.06	12.90
一般了解	7.18	8.71	7.57	5.31	3.23
比较了解	3.59	4.15	3.60	2.92	3.23
非常了解	1.09	1.04	1.26	1.05	0.00

注：N=1 474。年龄与对生命维持治疗的了解程度卡方检验显著（$P<0.05$），与对生前预嘱、临终关怀的了解程度卡方检验不显著。

表 8-2 分受教育程度的临终医疗服务了解程度　　　　单位:%

选项	全体	未接受教育	小学未毕业	小学毕业	初中毕业	高中或中专毕业	大专毕业及以上
对生前预嘱的了解程度							
没听过	76.87	95.46	87.69	81.76	76.15	65.50	55.25
不太了解	13.50	2.72	7.88	13.50	13.93	18.22	21.90
一般了解	5.16	0.91	1.97	2.92	4.96	11.24	7.62
比较了解	3.80	0.91	2.46	1.82	4.01	3.88	13.33
非常了解	0.67	0.00	0.00	0.00	0.95	1.16	1.90
对生命维持治疗的了解程度							
没听过	67.86	90.00	82.17	74.82	66.28	52.13	45.71
不太了解	18.44	3.64	9.90	17.88	19.81	26.64	24.76
一般了解	8.41	6.36	4.95	5.11	10.10	9.65	14.29
比较了解	4.34	0.00	1.49	2.19	3.24	10.04	11.43
非常了解	0.95	0.00	1.49	0.00	0.57	1.54	3.81
对临终关怀的了解程度							
没听过	70.73	93.63	87.75	81.03	68.45	54.09	39.06
不太了解	17.41	3.64	8.82	14.23	19.77	24.12	28.57

表8-2(续)

选项	全体	未接受教育	小学未毕业	小学毕业	初中毕业	高中或中专毕业	大专毕业及以上
一般了解	7.18	2.73	1.96	3.28	7.79	13.62	13.33
比较了解	3.59	0.00	0.49	1.46	3.61	5.84	13.33
非常了解	1.09	0.00	0.98	0.00	0.38	2.33	5.71

注：受教育程度与对三种服务的了解程度卡方检验均显著（$P<0.05$）。

表8-3　分户口类型的临终医疗服务了解程度　　　单位:%

选项	全体	农业户口	非农业户口
对生前预嘱的了解程度			
没听过	76.87	81.66	72.04
不太了解	13.50	11.47	15.55
一般了解	5.16	3.91	6.41
比较了解	3.80	2.56	5.05
非常了解	0.67	0.40	0.95
对生命维持治疗的了解程度			
没听过	67.86	73.96	61.72
不太了解	18.44	16.60	20.30
一般了解	8.41	6.61	10.22
比较了解	4.34	2.29	6.40
非常了解	0.95	0.54	1.36
对临终关怀的了解程度			
没听过	70.73	78.57	62.81
不太了解	17.41	14.42	20.44
一般了解	7.18	4.18	10.22
比较了解	3.59	2.56	4.63
非常了解	1.09	0.27	1.90

注：户口类型与对三种服务的了解程度卡方检验均显著（$P<0.05$）。

（二）年龄、受教育程度、户口类型与服务了解程度显著相关

进一步分析结果显示，70岁及以上的老年人对生命维持治疗的了解程度低于年轻老年人（见表8-1）；老年人受教育程度越高，对三种服务的了解程度越高（见表8-2）；非农业户口的老年人对三种服务的了解程度显著高于农业户口老年人（见表8-3）。

二、对医疗自主权的态度

（一）老年人对于"最后的愿望"持不同态度

"最后的愿望"指一个人生命末期的愿望、照护偏好等，代表了老年人对其生命发展过程和最终阶段的思考。调查结果显示（见表8-4），36.45%的老年人认为"应该提前考虑最后的愿望"；35.13%的老年人持犹豫态度，认为"不好说"；相比之下，认为"不应该提前考虑"的占比略低于前两者，为28.42%。对于回答"应该提前考虑最后的愿望"的老年人，进一步询问"是否愿意提前写下您最后的愿望"以及"是否愿意与他人讨论您最后的愿望"，均有超过一半的老年人愿意写下或与他人讨论最后的愿望。

受传统观念或其他个人、家庭、社会因素影响，只有约1/3的老年人明确表示应该提前考虑临终照护愿望、偏好。这种占比的不均衡，一方面反映了社会对于临终关怀话题的普及程度尚待提高，另一方面也揭示了人们在面对生命终极阶段时的复杂情感。然而这并不意味着剩余的多数老年人对临终、死亡等议题持有完全消极或回避的态度。有老年人在调查过程中表示"不去想太多"，可能是一种自我保护机制，避免过度忧虑未来不可控之事，也可能是对生活的一种淡然接受，强调珍惜当下。还有老年人直言"开心过好每一天"，这种乐观向上的心态更是对生活热爱的直接体现，享受当下的每一天。

表8-4　老年人对"最后的愿望"的态度　　　　　单位：%

观点	应该/愿意	不好说	不应该/不愿意
老年人应该提前考虑最后的愿望吗（N=1 358）	36.45	35.13	28.42

表8-4(续)

观点	应该/愿意	不好说	不应该/不愿意
您愿意提前写下您最后的愿望吗 （N＝480）	55.42	21.25	23.33
您愿意与他人讨论您最后的愿望吗 （N＝479）	53.65	16.91	29.44

（二）老年人最愿意与家人讨论"最后的愿望"，讨论最多的为财产安排、医疗照护方面的愿望

对于回答"愿意与他人讨论最后的愿望"的257名老年人，进一步询问愿意与谁讨论以及是否已经讨论。结果显示，绝大多数愿意与家人进行讨论，超过半数愿意与朋友讨论，只有约一成愿意与医护人员讨论（见表8-5）。其中半数老年人已经与他人讨论过最后的愿望，讨论较多的是财产安排与医疗照护方面的愿望（见表8-6）。这体现了部分成都市老年人对个人生活安排的主动性和生命质量的追求。财产安排需求与中国传统的"家"的观念密不可分，老年人希望通过对财产的合理分配，维持家庭和谐。而医疗照护需求与老年人的健康状况息息相关，是影响老年人做出医疗决定的重要因素。

表 8-5　老年人愿意与谁讨论"最后的愿望"　　　　单位:%

观点	是	否
您是否愿意与家人讨论您最后的愿望	82.49	17.51
您是否愿意与朋友讨论您最后的愿望	56.81	43.19
您是否愿意与医护人员讨论您最后的愿望	10.89	89.11

注：N＝257。

表 8-6　老年人已讨论过"最后的愿望"的分布　　　　单位:%

	讨论过	未讨论
医疗照护	51.16	48.84
心理支持	34.88	65.12
财产安排	52.71	47.29
丧葬安排	45.74	54.26

注：N＝255。

（三）大部分老年人倾向于知晓病情并自己做出医疗决定，该偏好与年龄、受教育程度显著相关

调查通过"如果得了严重疾病，您希望知道病情实情吗"来反映老年人对于重疾知情权的看法。对于表示"愿意知道实情"的老年人，进一步询问"知道实情后，您希望谁为您做医疗决定"以了解老年人对于医疗决定权的看法。

总体来看，76.88%的老年人倾向于知晓病情实情。年龄越高的老年人愿意知晓病情实情的占比可能越低，50～59 岁、60～69 岁、70～79 岁、80 岁及以上年龄组愿意知晓实情的比重分别为 82.88%、74.21%、74.80%、66.10%（见表8-7）。另外，老年人受教育程度越高，愿意知晓实情的比重越高（见表8-8）。具体而言，在愿意知晓实情的老年人中，74.63%表示希望自己做医疗决定，其次是家人做医疗决定，占比 14.93%。年龄、受教育程度亦与医疗决定选择相关，年龄越低、受教育程度越高，选择自己做决定的比重越高（见表8-7、表8-8）。

表8-7　分年龄组的病情知晓和医疗决定选择情况　　单位:%

选项	全体	50～59 岁	60～69 岁	70～79 岁	80 岁及以上
如果得了严重病，您希望知道病情实情吗（N=1 440）					
愿意	76.88	82.88	74.21	74.80	66.10
不好说	11.32	8.03	11.87	13.82	16.95
不愿意	11.80	9.09	13.92	11.38	16.95
知道实情后，您希望谁为您做医疗决定（N=1 072）					
自己	74.63	77.60	76.15	69.85	61.11
家人	14.93	13.54	13.08	17.18	33.33
医护人员	6.06	6.77	5.90	6.11	0.00
其他人	0.09	0.00	0.00	0.38	0.00
一起决定	4.29	2.09	4.87	6.48	5.56

注：年龄与病情知晓和医疗决定选择卡方检验均显著（$P<0.05$）。

表 8-8　分受教育程度的病情知晓和医疗决定选择情况　　单位:%

选项	总计	未接受教育	小学未毕业	小学毕业	初中毕业	高中或中专毕业	大专毕业及以上
如果得了严重疾病，您希望知道病情实情吗							
愿意	76.88	58.88	69.19	79.55	80.20	77.61	85.29
不好说	11.32	19.63	19.19	12.12	7.65	10.04	6.86
不愿意	11.80	21.49	11.62	8.33	12.15	12.35	7.85
知道实情后，您希望谁为您做医疗决定							
自己	74.63	68.85	63.85	70.35	76.69	79.90	83.33
家人	14.93	14.75	25.38	19.10	14.04	9.05	7.14
医护人员	6.06	8.20	4.62	6.03	5.76	6.53	7.14
其他人	0.09	0.00	0.77	0.00	0.00	0.00	0.00
一起决定	4.29	8.20	5.38	4.52	3.51	4.52	2.39

注：受教育程度与病情知晓和医疗决定选择卡方检验均显著（$P < 0.05$）。

　　受根深蒂固的传统文化观念与家庭责任感的深刻影响，过去一些老年人在罹患重病时，其家人出于保护与分担家庭重负的初衷，倾向于向老人隐瞒病情。这种做法虽彰显了家人间的爱与责任，却无形中剥夺了老年人获知自身健康状况真相的权利，以及据此为生命末期及身后事做妥善规划的机会。本次抽样调查结果显示，大多数老年人表示希望在遭遇重大疾病时能够获知病情的真实情况，并基于此信息自主参与医疗决策的制定过程，年龄低、受教育程度高的老年人尤甚。这一转变深刻反映了时代发展背景下老年群体对于知情权与医疗自主权的珍视与追求，体现了他们更加积极、主动地面对生命挑战，以及掌控自身命运的渴望。但这并非意味着将家人置于决策过程之外，相反，我们希望采取一个更加包容与协作的决策模式，在这一模式下，专业的跨学科医疗团队会组织家庭会议，邀请所有关键成员参与。会议中，医护人员会详尽而客观地说明病情及治疗选项，确保信息的透明与准确；老年人会基于自身意愿与理解，阐述自己的医疗决定，而这一过程鼓励开放与坦诚的交流。家庭会议的核心在于促进老年人与家人之间的深入对话，通过共同讨论与协商，旨在达到一种共识，即所有相关方都能理解并支持最终的决定。这样的决策过程不仅体现了对老年人自主权的尊重，也强化了家庭内部、家庭与医疗团队之间的团结与支持，使他们可以共同为老年人的健康福祉贡献力量。

三、死亡焦虑

本次抽样调查使用 Death Anxiety Questionnaire 量表对老年人死亡焦虑程度进行测量。该量表由美国叶史瓦大学的 Conte 等编制，发表于 1982年，包含 15 个条目，如"您害怕死亡吗""您担心去世前会病很长一段时间吗"，采用 Likert3 级计分法，"没有"取值为 1，"有一些"取值为 2，"非常"取值为 3，将得分加总，分数越高代表老年人死亡焦虑程度越高（Conte et al.，1982）。具体结果如下。

（一）老年人死亡焦虑程度总体较低

成都市老年人死亡焦虑得分范围为 15~45 分，均值为 21.63（±6.41）分，众数为 15 分，中位数为 20 分，表明整体死亡焦虑程度较低。15 道题目中，得分相对较高的题目有"您担心去世前的医疗费用会成为您家人的负担吗"（1.92 分），"您担心去世前会病很长一段时间吗"（1.73 分），"想到死后会抛下所爱的人您会觉得难过吗"（1.70 分），这一结果一方面体现了中国"家"文化——家庭间紧密无间的情感纽带以及对相互扶持、共度难关的渴望，另一方面也反映了人们普遍存在的对于未知病痛恐惧的心理状态（见表 8-9）。二者都进一步凸显了推广临终关怀服务的重要性，即通过专业团队的关怀与支持，减轻患者身体症状与疼痛以及患者和家人的心理负担，帮助整个家庭更好地面对生命的终结。

表 8-9　死亡焦虑量表 15 题具体得分

题目	平均值（标准差）
1. 您害怕死亡吗	1.30（0.61）
2. 还未完成所有想做的事就去世会不会让您觉得困扰难受	1.44（0.69）
3. 您担心去世前会病很长一段时间吗	1.73（0.81）
4. 您担心别人会看到您去世前的痛苦吗	1.57（0.76）
5. 您担心死亡的瞬间会非常痛苦吗	1.53（0.74）

表8-9（续）

题目	平均值（标准差）
6. 您担心去世时没有亲人照顾吗	1.43（0.71）
7. 您担心去世时是一个人吗	1.42（0.69）
8. 您担心去世前会神志不清吗	1.44（0.71）
9. 您担心去世前的医疗费用会成为您家人的负担吗	1.92（0.86）
10. 您担心您对财产的安排或您的遗嘱不会被执行吗	1.17（0.48）
11. 您担心还没有去世就被错误的掩埋或者火化吗	1.34（0.68）
12. 想到死后会抛下所爱的人您会觉得难过吗	1.70（0.84）
13. 您担心您关心和爱的人在您去世后会忘记您吗	1.27（0.58）
14. 您担心死亡意味着永远的消失吗	1.24（0.59）
15. 您担心死后不知道要面对什么吗	1.13（0.43）

注：N=1 345。

（二）性别、年龄与老年人死亡焦虑程度相关

根据表8-10中的 t 检验与方差分析结果，性别、年龄与成都市老年人死亡焦虑程度显著相关。总体而言，女性死亡焦虑程度高于男性；年龄越大，死亡焦虑程度越低。前者显示了不同性别的情感体验差异；后者可能因为随着年龄的增长，个体在生命历程中积累了丰富的经验，不仅包括面对生活挑战的应对策略，也涵盖了对于生命本质、死亡意义等深层次问题的思考与领悟。因此当人们步入更为成熟的年龄段时，往往能够以一种更加平和、理性的态度来看待生老病死，对死亡这一自然规律抱有更为淡然的心态。

表 8-10 分性别、年龄、户口类型、受教育程度的死亡焦虑得分

具体类别		平均值（标准差）
分性别	男	20.15（5.34）
	女	22.57（6.83）
分年龄组	50~59 岁	23.07（6.88）
	60~69 岁	21.79（6.46）
	70~79 岁	19.83（5.31）
	80 岁及以上	19.90（5.07）

表8-10(续)

具体类别		平均值（标准差）
分户口类型	农业户口	21.55（6.31）
	非农业户口	21.73（6.51）
分受教育程度	文盲	19.42（5.47）
	小学未毕业	21.00（6.45）
	小学	21.61（6.50）
	初中	21.88（6.52）
	高中/中专	22.38（6.29）
	大专及以上	22.16（6.21）

注：分性别、年龄的死亡焦虑得分差异显著（$P < 0.05$），分户口类型、受教育程度的死亡焦虑得分差异不显著。

第三节　小结

一、主要结论

本章详细分析了成都市老年人的死亡态度，包括对于临终医疗服务的了解程度、对于知情权和医疗自主权的看法以及死亡焦虑程度。整体而言，成都市老年人较缺乏对生前预嘱、生命维持治疗和临终关怀等临终医疗服务的了解。尽管国家层面已展现出高度的前瞻性，通过制定并颁布一系列旨在推动临终关怀服务体系建设与发展的政策文件，为提升老年人群体的生命质量与尊严奠定坚实的政策基础，然而，从实际效果来看，这些政策的普及深度与广度尚显不足。民众，尤其是老年群体，对于临终医疗服务的知晓度依然有限，进而影响了服务使用率，使得许多本可受益于这些服务的患者、老年人在生命的最后阶段未能得到充分的关怀与支持。因此，加强临终医疗服务的宣传普及工作显得尤为迫切。

调查结果显示，大部分成都老年人在病情知晓和医疗决定方面展现出较高自主性，希望能够知晓病情实情并为自己做医疗决定。这种强烈的自主意愿体现了当代老年人对健康权利与生命尊严的深刻理解和珍视。他们认识到，在医疗过程中，作为治疗主体的自己，有权知晓病情，并基于各方信息，结合自身的价值观、生活愿望及家庭情况，做出最适合自己的医疗决策。这种转变不仅是对传统医疗模式的一种挑战与革新，更是社会进步与文明发展的一个重要标志。同时，老年人的这种自主性也向医疗系统和社会各界提出了更高的要求，医疗机构需要更加注重患者的知情权与决策权，通过改进沟通方式、提升服务质量，确保老年患者能够充分理解病情并获得专业的医疗建议；而社会各界则应当加强对老年人健康权益的保障与支持，推动构建更加开放、透明、人性化的医疗环境，让每一位老年人都能够在生命的每一个阶段都享有尊严与自由。

二、政策建议

通过对老年人在医疗信息、医疗决定、生命愿望等多方面的态度进行考量，发现成都市缺乏老年人死亡教育体系的建设，为了满足老年人日益增长的精神需求，重视老年群体的生存质量，成都市须进一步完善全人、全方位、全流程的老年生命教育体系。

（一）以政府为主体，构建友好的政策支持体系

死亡相关知识的普及不足，主要是由于公众获得信息的渠道有限，需要政府强化在政策制定和舆论推广方面的作用，帮助营造积极理性的生死氛围。一是制定死亡教育体系发展的相关政策和长期规划，完善相关法律，建立专门管理部门，建立生前预嘱、生命维持治疗和临终关怀等医疗信息的规范体系，推动死亡教育的发展"有法可依"。二是积极树立政策风向标，鼓励各社区、医院和各社会组织积极开展优生优死的推广与宣传，通过荣誉激励、津贴补助等方式，引导社会舆论风向。三是重视生命教育发展，老年教育的本质就是生命教育，死亡教育亦是生命教育的一部分。政府应鼓励各社区和老年大学创新开展生命教育课程，丰富死亡教育内容。四是打破性别、年龄、户口类型、受教育程度等因素带来的客观限制，开展普适性、全民化的死亡教育服务，为不同人群提供支持。

（二）以社会为主体，联动社区、医疗机构、社会组织协调合作

在政策指导基础上，应辅以社会力量，建立覆盖各社区、医院及社会

组织的动态服务网，结合自身特点开展相适应的生命教育服务。在社区中，以全体老人为服务对象提供生命教育平台，开展生命教育课程，普及死亡知识，面对特殊困境老人，联合多元化医疗团队建立个性化服务机制，开展生命全过程的关怀服务；在医疗机构中，建立包含医护人员、心理医生、社会工作者等专业人员的死亡教育团队，形成包含死亡知识、医疗信息、医疗决定等系统的死亡教育体系和全面的医疗照护计划，开展生命全方位的尊严服务；在社会组织中，各社会组织应积极参与和领导死亡相关活动，如红十字会、生前遗嘱协会、民间慈善会等组织应积极开展死亡公益活动，弥补正式服务的不足，同时，积极运用传统媒体和新媒体方式进行宣传推广，开展本土化、科学化、系统化的死亡教育活动，形成良好的死亡教育氛围。

（三）以人才为主体，培养专业化人才队伍

专业人才作为死亡教育的重要环节发挥着关键作用，死亡教育作为与人相关的服务，如何开启死亡话题、学习死亡知识、转变死亡观念、接纳面对死亡都是死亡教育的提供者应该深思的问题。一是注重培养死亡教育方面的理论人才，死亡教育在我国起步较晚、较慢，而在其他国家已经形成了较完善的理论实践体系，研究者应深入探究并借鉴他国有效经验，结合我国实际，探究本土化的死亡教育发展模式，建立并不断改善可循证标准。二是注重培养和强化死亡教育实务人才。建立科学的专业人才培养机制，推进死亡教育人才队伍的建设。

第九章　成都老年人口发展展望

　　全面与及时把握新时代人口发展的特征与走向，对促进人口高质量发展至关重要。受育龄妇女规模缩小和比重下降、生育水平持续走低等多种因素的影响，我国人口年龄结构发生重大转向，人口发展面临着从以往的数量压力到结构性挑战的历史性转变（陆杰华 等，2019）。我国老年人口的数量和比重持续攀升，中国即将整体进入中度老龄化社会，老龄社会新形态的格局已经形成且不可逆转（陆杰华 等，2021）。

　　成都市为四川省省会，地处四川盆地西部边缘，自古以来具有"天府之国"的美誉。成都市是新晋人口超大城市，具有良好的发展前景，但也因位处西南地区，与东部沿海城市仍存在一定差距。2020年1月3日，习近平总书记主持召开中央财经委员会第六次会议并发表重要讲话，会议指出，推动成渝地区双城经济圈建设，有利于在西部形成高质量发展的重要增长极，打造内陆开放战略高地，对于推动高质量发展具有重要意义。而经济的高效发展离不开人口结构的合理发展。如何实现积极应对人口老龄化发展国家战略，对于促进成都市甚至四川省经济发展以及人口高质量发展至关重要，是成都市亟需解答的人口难题。

　　本书以第七次全国人口普查数据和2023年成都市老龄社会追踪调查基线数据为基础，对成都市老年人口的基本状况、健康状况、社会经济地位、劳动参与行为、家庭与代际关系、养老意愿及服务、社会参与以及死亡态度这七个主题进行了深入分析。本章以前述各章的分析结果为基础，对成都市老年人口当前特征与面临问题进行深度剖析，并针对性提出促进成都市老年人口高质量发展的对策建议。

第一节　成都老年人口当前主要特征

一、低龄人口占比较高，教育素质总体突出

第七次全国人口普查数据显示，成都市 60 岁及以上人口约为 376.4 万人，占比 17.98%，占比位列四川省后四位之一（仅略高于阿坝、甘孜和凉山自治州），其老龄化程度总体处于较低水平。本研究以成都市 50 岁及以上人口数量为总体进行年龄分层分析，发现 50 ~ 59 岁人口占比为 43.97%，60~69 岁人口占比为 25.66%，可以看出成都市老年人以低龄老年人为主，既为成都市人口老龄化进程保留了一定的回旋空间，也为成都市经济发展储备了充足的老年人力资源。

总体来看，成都市高素质人口占比居四川省首位（大专及以上占比为 9.93%），未上过学的人口占比最低（4.28%）。成都市 50 岁及以上人口中，受教育程度以初中（35.70%）和高中（37.11%）为主，平均受教育年龄为 8.63 年。相较于我国老年人口总体，成都市老年人口总体受教育程度较高，是促进成都市发展的重要人力资源。

二、健康状况总体较好，家人相伴表现最优

成都市老年人口的自评健康状况总体较好。根据第七次人口普查数据结果，成都市老年人口的自评健康状况主要集中在"健康"（63.10%）和"基本健康"（29.12%）这两个类别，选择"不健康"的老年人较少。基于成都市老年人口追踪调查的数据分析显示，老年人自评健康状况以"好""很好"和"一般"为主，表明成都市老年人对于自己的身体状况、生活质量以及心理感受的评价总体尚好。

此外，本书发现，当成都市老年人的婚姻状况为"已婚有配偶"，或者居住状况为"与配偶和子女同住"时，老年人往往有着更好的自评健康状况，可见稳定的婚姻关系以及家人的持续陪伴对于老年人保持良好的健康状态具有重要作用。

三、家庭养老期待延续，代际居住"分而不离"

成都市老年人的养老意愿仍显著受到传统价值观的影响，认为子女是第一养老责任人的老年人占比最高（约34.71%）。绝大多数老年人认为自己家是养老的最佳地点，半数以上老年人不能接受在日间照料中心或养老机构长期养老。对于能接受日间照料中心、养老机构的老年人，其价格预期也远低于当前的市场价格。由此可见，成都市老年人倾向于在家养老，家庭养老期待延续。

此外，成都市的老年人与子女的代际关系仍处于就近居住、有较多经济往来和陪伴的模式，但是在观念上与子女存在较多不一致，这表明成都市老年人与子女已经形成了"分而不离"的居住模式，与子女的居住安排、代际联系与情感亲密方面表现较好。

四、社会参与多态发展，老化态度积极向好

成都市老年社会追踪调查数据显示，与至少一位亲戚或朋友每月至少来往一次的老年人占比分别为67.09%和71.28%，表明老年人与亲朋好友之间保持着一定频率的交往，部分老年人交往活跃。此外，多数老年人参与过投票选举、志愿活动以及多样化文化娱乐活动，同时互联网使用率整休处于较高水平，以使用手机为主（98.06%）。以上结果表明成都市较多老年人与亲朋好友保持着密切联系，同时也积极参与到各种类型的社会生活之中，为老年生活提供多样乐趣。

本研究通过测量成都市老年人口的老化态度发现，大多数老年人拥有较为积极的老化态度。老年人在面对年龄增长时，能够意识到自己身体机能、心理方面的变化，但多数老年人能保持乐观心态并加以应对，且并不认为自己由于年龄的增长而遭受排斥，由此反映了老年人依然保持着对生活的热爱和对自我价值的肯定，积极参与各种社交活动，享受着社交带来的乐趣和满足感。

五、死亡焦虑程度较低，临终医疗自主性较好

保证老年人生命晚期的生活质量是老龄化社会的重要议题，目前尚未

获得足够的重视与关注。通过分析成都市老年社会追踪调查数据发现，老年人对死亡的态度各不相同，但大多数老年人死亡焦虑得分较低（量表平均得分约 21.64 分），对待死亡呈现出相对积极的态度。

此外，成都市大多数老年人倾向于知晓病情（约占 76.88%）并自己做出医疗决定（约占 74.63%），展现出较高自主性。受教育程度越高的老年人自主性越高，且自主性随着老年人年龄的增长逐渐下降（更倾向于由家人代为决定）。

第二节　成都老年人口高质量发展面临的主要问题

一、劳动参与比重整体偏低，人力资源开发尚需加强

劳动参与状况是个体获取收入、满足生活需求的重要手段，也反映了一个国家或地区的经济发展水平、个人发展机会和社会稳定程度等。根据本书数据显示，成都市老年人中有劳动参与的比重为 42.86%，且随着年龄的增长，老年人劳动参与比重逐渐下降。进一步探究原因可以发现，制度限制和观念共同影响了老年人的劳动参与，老年人实际上对工作的认同度很高，但对延迟退休和再就业的认同一般，普遍认为 65 岁是不再劳动的理想年龄。总体来看，成都市老年人劳动参与比重目前整体偏低，尚未发挥成都市老年人口的低龄优势和教育优势，老年人力资源有待进一步开发。

进一步分析成都市老年人的工作类型、强度和收入可以发现，老年人的工作类型以务农为主，低年龄组老年人、较高受教育程度老年人从事正式部门非农业工作的比重更高。在业老年人的整体工作强度较高，全职工作的周平均工作小时数达 43 小时左右，而由于老年人往往因年龄、受教育程度以及工作能力等方面的影响，高强度的工作时长可能并不能带来令人满意的工作收入。本书发现，成都市老年人主要生活来源前三位为劳动收入、离退休金/养老金和家庭其他成员供养，其中劳动收入水平较为一般，大部分年收入低于 5 万元。因此，为有效开发成都市的老年人力资源，需

要对老年人的工作类型、强度和收入给予更多的政策关注。

二、总体健康状况有待提升，失能失智问题亟需应对

伴随人口老龄化而来的老年人健康问题，正逐渐影响老年人生活质量和社会经济持续发展。尽管从"自评健康状况"指标出发，本研究发现成都市老年人口的健康状况总体较好，但如果深入分析具体的健康指标可以发现，成都市老年人的健康状况仍有待提升。

成都市老年人因失能、失智所致的自理问题需要得到首要关注。成都市老龄社会追踪调查数据显示，约5%的老年人报告存在日常生活活动能力障碍，且超过20%的老年人认为自己在工具性日常生活活动方面能力低下，难以完成洗衣、做饭、买东西等日常活动。第七次全国人口普查数据显示，有5.74%的老年人评价自己为"不健康，但生活能自理"，而2.03%的老年人自评为"不健康，生活不能自理"。虽然上述数字看起来似乎不算太高，该数字背后是大约7 500名老年人难以自理、需要得到照料。此外，成都市有74.51%的老年人自报至少患有一种慢性疾病，且17%的老年人显示出较高的抑郁水平。随着人口老龄化和高龄化的进一步加深，老年人的健康问题需要得到更多重视。

三、孙辈照料负担过大，子女依赖不确定性增加

子代工作和家庭的冲突日益加剧，较多老年人为减轻子代负担而为孙辈提供非正式照料。本书发现，约54.24%的老年人在近一年提供过非正式照料，其中超过80%是照料孙辈，表明成都市老年人照料孙子女是较为普遍和持续的现象。同时，老年人虽然作为被照料者，但普遍将照料孙子女视为自己的分内义务与职责所在，只要身体状况允许且子女有需要，仍会积极承担家庭责任而为子女牺牲。但需警惕过重的照料负担可能进一步损耗老年人群的身体和心理健康。

随着社会经济发展，成都市老年人对于"子女是否应该在父母晚年时提供照料"的观念也出现了较大改变。根据数据显示，仅有三成老人期待晚年时能得到子女的照料，另外七成老年人明确表示自己不期望从子女那

里得到任何照料，老年人对子女未来期待上已经有所变化，老年人晚年多大程度上能够依赖子女存在不确定性。这可能一方面源于成都人的"豁达"心态及"松弛感"，不对未来发生什么抱有执念，未来的事情未来再说；另一方面也可能由于社会不稳定性增加，成都老年人对未来仍然存在一定程度的不安全感。

四、社区养老服务供需失衡，新型养老模式有待接受

社区是地域性社会生活共同体，发挥着政府和市场无法替代的功能，社区养老服务因可满足老年人居家养老、就近养老的愿望而体现出重要作用。相关调查数据显示，成都市社区养老服务的平均覆盖率已在多个领域都取得了令人瞩目的成绩，反映出成都市社区养老服务的普及程度和社区居民对这些服务的高度认可。尽管社区已开展了一系列服务项目，但老年人对于活动的频率和质量有着更高的期待，因此社区服务在质量和覆盖范围方面还有待进一步加强。此外，目前社区提供且利用率最高的服务主要为娱乐类型的服务，医疗和照护等对老年人生活质量影响更大的服务需求虽然较高，但由于此类型的服务对人员的专业性和数量要求较高，社区所能提供的服务仍然有限，从而体现出养老服务供需失衡的状况。

关于养老选择方面，数据显示，计划在自己家或子女家养老的老年人占比超过90%，老年人对社区和机构养老的接受度依然很低，且年龄越高接受度越低，这既受到传统观念和家庭情感的影响，也有经济因素的制约。随着社会经济发展，社会上出现了越来越多的养老模式，如医养结合养老模式、智慧养老模式等，在社区和机构养老模式尚未获得较多成都市老年人认可的情况下，新型养老模式的顺利推进可能存在一定程度的阻碍。

五、社会参与面临多重限制，年龄数字鸿沟仍需警惕

社会参与对老年人的精神生活、健康状况以及社会适应力都具有重要影响。本书通过分析调查数据发现，虽然约70%的成都市老年人每月与亲戚或朋友至少来往一次，但30%~40%的老年人表示并没有亲戚或朋友可以谈论私事、寻求帮助，这表明虽然成都市的老年人在社交活动上保持了一定的活跃度，但深入交流和互助的占比相对较低。这可能是由于部分老年人面临着身体健康、生活环境等多重因素的限制，导致他们在社交中难以深入交流和建立紧密的互助关系。

互联网使用方面，调查发现接近70%的成都市老年人每天都使用互联网进行聊天、娱乐、出行、学习等，认为互联网对生活带来了一定的便利，特别是在社会交往、了解新闻和休闲娱乐等方面，但仍然不能忽视老年人面临的数字鸿沟问题。高达86.10%的老年人表示在使用互联网时存在一种或多种障碍，包括不知道如何使用软件或设备、担心个人隐私和信息安全问题、不能判断信息的真假等。对于有互联网使用障碍的老年人，他们通常会在子女或孙子女处寻求帮助，但一方面老年人在面临问题时通常无法随时获得帮助，另一方面仍有不少老年人在遇到障碍时不愿求助他人或无人求助，从而导致其互联网使用困境进一步固化，年龄数字鸿沟仍需警惕。

六、死亡观念发展略显滞后，相关医疗服务有待普及

理性认识并积极面对死亡会影响个体的生命质量。根据成都市老年社会追踪调查数据发现，虽然成都市老年人的死亡焦虑得分较低，但由于我国存在"重生忌死"的传统文化，大部分老年人的死亡观念发展仍略显滞后，对"应该提前考虑最后的愿望"持不确定或不应该的态度，缺乏对人生最后阶段的多方考量，呈现出较明显的死亡逃避态度，不利于老年人生命后期的质量提升。

受传统文化观念的影响，生前预嘱、生命维持治疗和临终关怀等医疗信息在我国发展仍然缓慢，存在普及率低、普及范围窄等问题。调查发现，成都市绝大多数老年人（约90%）对生前预嘱、生命维持治疗和临终关怀等医疗信息的认知水平仍然较低。

第三节　成都老年人口高质量发展的对策建议

在人口老龄化加速发展的态势下，成都市老年人口的发展总体向好，但仍然存在劳动参与比重较低、健康状况有待改善、养老服务供需失衡等相关问题，因此本书基于成都市相关的老年人口发展问题以及全国其他地区的人口发展经验，对成都市老年人口高质量发展提出对策建议。

一、坚持整体视角，助推老年人口高质量发展

党的二十大报告指出，中国式现代化是人口规模巨大的现代化。2023年5月召开的二十届中央财经委员会第一次会议强调，"加快塑造素质优良、总量充裕、结构优化、分布合理的现代化人力资源，以人口高质量发展支撑中国式现代化"。人口具有数量、结构、分布等特征，是一个整体概念，因此老年人口发展必须从整体性视角入手，才能有效助推老年人口高质量发展进程。

具体来说，整体性视角包括全人群全生命周期视角，涵盖了人口发展的横向和纵向路径。人口发展的全人群视角是横向视角，即重视所有人口结构群体，对不同年龄、不同性别、不同种族的人群给予同等政策重视，为其提供发展机会和解决发展问题。人口发展的全生命周期视角为纵向视角，根据生命历程理论可知，人生的不同阶段是相互关联的过程。因此老龄问题绝不是老年人的问题，在应对老龄化的过程中，应该将个体发展的各阶段联系起来加以考虑，在设计老龄社会政策时，不仅要重视老年人的社会保障、照护体制、医疗服务等方面的内容，还需要关注其他年龄阶段人群的良好发展，重视生育、教育、医疗和就业等领域的相关政策，从早期奠定未来高质量发展的老龄人口基础。

二、把握回旋空间，推进公共治理体系前瞻性构建

良好的治理是促使公共利益最大化的公共管理过程，本质特征在于政府与公民对公共生活的合作管理（俞可平，2001）。某些社会进入老龄型社会的时间尚晚，应对老龄化的经验不足，政策发展落后于人口转变，以年轻人为主的政策模式已经不适用于老龄社会；而社会难以及时做出调整，往往针对不断涌现的老龄化问题对现今社会治理模式进行修补，导致相关政策呈现滞后性和碎片化的特点（陆杰华 等，2020）。成都市目前应对人口老龄化问题的过程可能就存在这样的问题，由于进入老龄型社会的时间尚晚，相关政策存在滞后性和碎片化的问题。

通过前面章节的数据分析可知，成都市尚未迈入中度人口老龄化社会，同时其老年人口以低龄老年人为主，为成都市人口老龄化进程保留了一定的回旋空间。超前公共治理理念要求政策规划先于人口转变，通过预估未来人口结构变化，前瞻性地整合和构建适合于老龄社会的公共政策和管理体系（陆杰华、刘芹，2020）。同时，超前公共治理体系要求重视整体性治理的理念，打破部门差异和区域差异格局，强调公共政策的跨功能性、跨部门性和跨区域性，将碎片化的公共政策和管理体系重构为系统性、整体性的治理体系，从而实现各系统资源在应对老龄化过程中的充分统筹，实现"政府主导，多元共治"的老龄社会公共治理理念。

三、创新健康服务，践行"健康老龄化"理念在地阐释

所谓"健康老龄化"，是指在老龄化社会中，多数老年人处于生理、心理和社会功能的健康状态，同时也指社会发展不受过度人口老龄化的影响（邬沧萍 等，1996）。世界卫生组织在 2015 年将"健康老龄化"重新定义为发展和维护老年健康生活所需要的功能和功能发挥的过程。通过对成都市老年人口的健康状况分析发现，成都市老年人的健康状况仍有较大的提升空间，未来失能、失智问题严峻，且老年人面临着严重的慢性疾病和心理疾病的影响。

为应对老年人的健康问题，成都市亟需将"健康老龄化"理念融入经济社会发展全过程，结合成都市社会发展和人口发展的实际情况，因地制宜，实现"健康老龄化"理念的在地阐释。一方面，成都市应对现有老龄健康服务进行深入改革，提高服务质量，拓展服务内容；另一方面，应创新健康服务体系和服务内容，结合国内和国际经验，将健康管理新理念融入老年人的健康促进进程之中。在现有老龄健康服务的深化方面，成都市应丰富老年健康教育内容、完善老年人预防保健服务体系、增加医养结合服务供给与质量以及积极推动体卫融合等。在创新健康管理理念方面，应参考相关国际经验，如共病管理政策、医疗卫生体系、长期护理保险模式等，实现对老龄健康的有效管护。总体来说，相关政策应积极重视成都自古以来具有的自强不息、乐观豁达和开放包容等人文精神气质，将成都人民的益然生机和创新活力融入健康老龄化的促进之中。

四、发展银发经济，促进优质老年人力资源充分利用

老年人力资源隐含着巨大的经济价值，根据前述分析，目前成都市老年人的劳动参与比重整体偏低，劳动收入和强度尚需改善，低龄和高素质的老年人力资源尚未得到充分开发利用。"银发经济"既是在老年人群中产生的经济，也指与老年人群相关的经济，通过积极培育和创造机会来开发"银发市场"，才能在为老年人服务、实现社会效益的同时，获得社会自身的经济效益（李雪松，1997）。

有学者认为，在积极老龄化的视野下，发展"银发经济"要着眼于开发老年人健康消费品市场，提高老年人的社会劳动参与程度和加强老年人社会保障三个方面（徐沁 等，2010）。通过鼓励老年人（尤其是低龄老年人）积极参与社会劳动，不仅能为社会创造财富，还能大大提升老年人的自身价值，为其继续创造社会财富奠定基础，也为其参与社会消费提供保障。因此，成都市只有通过重视银发经济的发展，为老年人创造更多的就业机会和更好的就业环境，才能实现优质老年人力资源的充分利用。

五、弘扬传统文化，推动家庭整体发展能力有效提升

中国传统社会中的"家"具有多代、多家庭聚合的结构特点，是人的初级保障组织，家庭成员彼此顾恤，互相负责，而进入21世纪，快速的人口老龄化与家庭养老保障功能衰落之间的对比越发鲜明，家庭处于养老压力增加和服务供给能力下降的失衡状态（贾玉娇，2019）。中华民族尊老

敬老的思想源远流长，历代统治者皆将养老制度系于治国安邦的高度，而民间百姓也将尊亲养老视为衡量道德高下的标准之一。成都市悠久的历史和丰富的文化底蕴为弘扬传统"敬老""爱老""养老"文化提供肥沃的土壤，将传统文化融入家风建设之中，有利于家庭成员明确养老保障的范围、责任和义务，促进老年人居家养老质量的提升和家庭和谐氛围的营造。

随着人类生存环境的日益复杂化和社会科学研究的新发现，人们越来越认识到，社会成员在承担其家庭责任方面出现的问题并不能简单地归结为个人主义膨胀、家庭关系商品化趋势或道德败坏等精神因素，而是很多环境因素共同作用的结果（张秀兰 等，2003）。因此，虽然家庭对于老年人的养老具有不可或缺的责任，但家庭政策不能一味强调家庭责任，而更应该重视对家庭的支持，通过制定"发展型家庭政策"，促进家庭整体发展能力的有效提升。在积极应对人口老龄化战略背景下，发展型家庭政策通过强调为有老年人的家庭提供帮助（包括经济、工作、社区和家庭建设等方面），不仅为老年人提供直接协助，也重视其他家庭成员的发展，从而使家庭更好地履行对老年人的养老照护责任，促进老年人居家养老质量的积极提升。

六、完善社区建设，加强养老服务资源配置供需协调

社区是养老服务资源的重要来源，不仅为老年人提供日间照料和托老服务，同时也是居家养老的保障和支持基础。社区养老服务资源配置是将养老服务资源在有限的空间进行规划与布局，从而改善社区养老服务质量，实现供需合理配置。前述可知，成都市的社区养老服务仍面临问题，体现为养老服务类型单一、范围较窄以及质量不高，同时老年人急需的医疗和照护相关的专业服务大量缺乏。因此成都市应完善社区建设，加强养老服务资源的合理配置，实现社区养老服务供需协调。

具体来说，成都市应从资源总量和资源配置两个方面进行社区建设。资源总量方面，即增加养老服务的人力资源和物质资源，一方面通过提供经济补贴、建立培训机制、确立职业标准等方式，提升服务人员的整体素

质；另一方面加大财政投入，加强社区养老建设、设备配置和资金储备，从而让社区能够有人力物力为老年人及其家人开展更多的支持性服务（包括照护支持、医疗服务等）。资源配置方面，成都市应建立常住老年人口数据和相关养老服务资源状况的收集和管理机制，通过对老年人口数量、分布和健康状况的精确认知（需方），以及对成都市各区域的养老服务资源（包括人力资源和物质资源）的准确把握（供方），搭建好供需匹配的基石。然后，应超前制定市级统一规划，并建立统一化和体系化的配套政策，对养老服务资源进行市级调配，各区按需配置。

七、加强数字融入，实现数字红利全龄共享与老年专享

在信息技术高度发达的现代社会，老年人社会参与的最重要途径之一就是充分利用互联网技术追求健康、参与社会互动和获得社会保障，以提升其生命质量（谢秋山 等，2019）。老年群体的生理、心理特征及社会经济因素导致老年群体在科技上处于弱势地位，成为"数字难民"。前述分析显示，成都市虽然已有较多老年人积极使用互联网，但是在应用过程中仍然存在较多障碍。习近平总书记指出："要提高全民全社会数字素养和技能，夯实我国数字经济发展社会基础。"数字技术所带来的经济发展、社会服务提升以及生活质量的改善等红利，老年人也有权享有。因此，帮助老年人跨越数字鸿沟，融入数字世界，是成都市推动积极老龄化过程中的必答题。

成都市应重视数字红利全龄共享与老年专享。数字红利全龄共享体现在：一方面，通过加强专业化师资力量、推动数字素养教育内容精细化等方式，促进老年人数字素养教育，提升老年人数字素养；另一方面，全方位进行数字反哺，发挥家庭和社会在数字反哺中的重要作用，将传统文化融入数字反哺，树立全社会数字反哺共识。此外，还需要重视老年人的数字设备（如互联网和上网设备）可接触性，实现老年人有网可用。通过上述措施，弥合老年人与其他年龄群体的数字素养差异，从而让全年龄共享数字红利。此外，我们在强调全年龄平等的过程中，不能忽视老年人因年龄增大所致的生理和心理特征，因此还需要重视数字红利的老年专享。一

方面，应重点保障老年人的网络信息安全，老年人由于缺乏相关知识容易上当受骗，同时他们普遍表示担心隐私泄露等信息安全问题，因此数字技术应重点对老年用户提供信息保护；另一方面，加大开发"适老化"数字产品，正如儿童有网络电话手表，老年人也需要有专注于自身群体的数字产品（包括设备和 App 等），扎根老年人的使用习惯、目标和场景，促进老年人主动和便捷融入数字时代。

八、重视终期质量，推动老年临终医疗服务多维发展

在中国人口老龄化、老年人口高龄化和长期低生育率的背景下，社会经济发展的同时也需要关注老年人在不同生命阶段生活质量的提升（郑真真 等，2019）。通过关注老年人临终阶段的身体和心理健康并采取适当措施，可以有效提升老年人的临终生活质量（Emanuel et al.，1998）。此外，生前预嘱、生命维持治疗和临终关怀等医疗信息，能够帮助老年人思考临终照护方式，提高对生命末期的自决权，保障个人尊严。前述可知，受传统文化影响，成都市老年人的死亡观念发展略显滞后，对于临终阶段的相关医疗服务知晓度和接受度均较低。

在成都市人口老龄化加速发展的态势下，促进成都市老年人拥有积极的死亡观念，以及促进其对临终医疗服务的认识和接纳，对于促进家庭和社会死亡观念的正向改善以及提升老年人的临终生活质量，均具有重要意义。成都市应重视全年龄群体的死亡教育，营造死亡积极正向的社会氛围，例如，制定死亡教育体系发展的相关政策和长期规划，完善相关法律，鼓励各社区、医院和各社会组织积极开展优生优死的推广与宣传等。此外，生前预嘱、生命维持治疗和临终关怀等医疗服务等宣传不足，由于以上服务主要在某些专业机构进行，老年人主动接触的概率较低。因此，应在持续提升生前预嘱、生命维持治疗和临终关怀等医疗服务的范围和质量的基础上，加大宣传，并培养相关专业人才，让老年人更加有可能在日常生活中对相关服务进行接触，从而不断提高老年人的临终生活质量。

参考文献

陈锋，2014. 农村"代际剥削"的路径与机制 [J]. 华南农业大学学报（社会科学版），(2)：49-58.

陈凤，2024. 论我国生前预嘱制度构建的可行性 [J]. 医学与哲学，45 (5)：27-31.

陈四光，金艳，郭斯萍，2006. 西方死亡态度研究综述 [J]. 国外社会科学，1：65-68.

陈星霖，2022. 中国老年人健康的社会经济影响因素及时空演化研究 [D]. 太原：山西财经大学.

程明梅，杨华磊，2024. 中国城镇失能老年人口规模及养老服务需求预测 [J]. 北京社会科学，(3)：114-128.

迟西琴，2018. 论死亡禁忌与死亡教育 [J]. 医学与哲学，39 (1)：65-67.

代志新，杜鹏，董隽含，2023. 中国老年抚养比再估计与人口老龄化趋势再审视 [J]. 人口研究，47 (03)：94-107.

党俊武，王莉莉，2023. 老龄蓝皮书：中国老龄产业发展报告（2021—2022）[M]. 北京：社会科学文献出版社.

邓伟志，2009. 社会学辞典 [M]. 上海：上海辞书出版社.

丁志宏，王妍，2023.2010—2020 年中国老年人经济生活来源变化分析：基于 2010 年和 2020 年人口普查数据的对比分析 [J]. 老龄科学研究，11 (4)：1-18.

丁志宏，2014. 我国农村中年独生子女父母养老意愿研究 [J]. 人口研究, 38 (04)：101-111.

杜鹏, 罗叶圣, 2023. 互联网使用能够提升老年人的社会适应水平吗?：基于使用差异视角的考察 [J]. 人口研究, 47 (6)：3-20.

杜鹏, 王飞, 2024. 中国式养老：内涵、特征与发展 [J]. 社会建设, 11 (1)：3-23.

杜治政, 许志伟, 2003. 医学伦理学辞典 [M]. 郑州：郑州大学出版社.

范进学, 李紫琦, 2024. 论中国特色积极应对人口老龄化的法治道路 [J]. 南通大学学报（社会科学版）, 40 (3)：87-99.

费孝通, 1983. 家庭结构变动中的老年赡养问题：再论中国家庭结构的变动 [J]. 北京大学学报：哲学社会科学版, (3)：6-15.

付才辉, 卓唯佳, 林毅夫, 2023. 中国式老龄化社会治理：基于新结构老龄化理论的视角 [J]. 社会治理, (5)：4-20.

高瑷, 原新, 2018. 老龄化背景下中老年人口的健康转变模式特征及其应对 [J]. 河北学刊, 38 (3)：170-175.

葛姗姗, 闵悦, 王逸雯, 2024. 人力资源对再就业老年人健康状况综合管理的研究进展 [J]. 中国老年学杂志, 44 (06)：1532-1535.

耿蕊, 2018. 不同婚姻状态老年人健康状况及其影响因素研究 [D]. 北京中医药大学.

巩茜颖, 2024. 人口老龄化对中国经济增长的影响及应对：评《人口老龄化与中国经济增长》[J]. 国际贸易, (2)：99.

关颖, 2010. 改革开放以来我国家庭代际关系的新走向 [J]. 学习与探索, (1)：110-113.

郭于华, 2001. 代际关系中的公平逻辑及其变迁：对河北农村养老事件的分析 [J]. 中国学术, 3 (4)：221-254.

郭自力, 2001. 死亡标准的法律与伦理问题[J]. 政法论坛 (3)：21-28.

韩永辉, 刘洋, 2024. 少子老龄化, 工业智能化与宏观经济波动：基于内生经济增长理论的 DSGE 模型分析 [J]. 管理世界, 40 (1)：20-37.

胡冬梅, 冯晓敏, 2019. 城市养老意愿与代际家庭结构：基于深圳市微观调查数据的研究 [J]. 江汉学术, 38 (5)：14-24.

胡芳，王磊鑫，覃钰雯，2024. 人口老龄化对我国基本医疗保险基金结余可持续发展的影响研究 [J]. 中国卫生经济，(7)：36-41.

胡扬名，罗隽，宫仁贵，2023. 社会经济地位、数字素养、代际支持与老年人社区智慧养老支付意愿：一个有中介的调节作用 [J]. 中国卫生事业管理，40 (7)：494-499，535.

胡湛，2022. 家庭建设背景下中国式居家社区养老模式展望 [J]. 河海大学学报哲学社会科学版，24 (6)：11-17.

黄晨熹，2023. 我国临终关怀照护：现状、困境与对策建议 [J]. 人民论坛 (7)：68-72.

黄佳豪，张敏，2023. 养老资源配置与区域经济发展耦合协调研究 [J]. 华东经济管理，37 (8)：102-109.

黄可言，温勇，2023. 婚姻状况对老年人健康影响的机制分析 [J]. 应用数学进展，12 (7)：3476-3485.

金牛，原新，2024. 银发经济高质量发展：人口基础、战略导向与路径选择 [J]. 河北学刊，44 (2)：158-166.

李保霞，侯雨潇，毛宁波，2023. 城市老年人居家社区养老意愿影响因素分析：基于随机森林和 Logistic 回归 [J]. 卫生软科学，37 (9)：41-48.

李飚，仇勇，2024. 人口老龄化与城市创新：理论逻辑与中国经验 [J]. 北京师范大学学报（社会科学版），(1)：153-160.

李春玲，2005. 当代中国社会的声望分层：职业声望与社会经济地位指数测量 [J]. 社会学研究，(2)：74-102，244.

李稻葵，厉克奥博，吴舒钰，2023. 从人力资源总量视角分析人口负增长对中国经济发展的影响 [J]. 人口研究，47 (2)：21-30.

李强，刘海洋，2000. 变迁中的职业声望：2009 年北京职业声望调查浅析 [J]. 学术研究 (12)：34-42.

李雪松，1997. 人口老龄化与"银发市场" [J]. 市场与人口分析，5 (10)：8-10.

李宇芳，邹剑莹，骆坚，2014. 医护患对实施预立医疗照护计划的态度及影响因素调查 [J]. 护理学报，21 (16)：21-24.

李月，陆杰华，成前，2020. 我国老年人社会参与与抑郁的关系探究[J]. 人口与发展，26（3）：86-97.

李志光，贾仓仓，2021. 互联网使用对中老年人心理健康的影响：异质性特征与作用机制检验[J]. 江苏社会科学，（6）：72-79.

林宝，2021. 积极应对人口老龄化：内涵，目标和任务[J]. 中国人口科学，（3）：42-55.

刘连龙，郭薇，刘婷婷，2013. 生命意义，死亡态度对老年人主观幸福感的影响[J]. 中国老年学杂志，33（19）：4803-4805.

刘燕，纪晓岚，2014. 不同养老模式下老年人社会网络的结构与功能：基于双案例的探索性分析[J]. 社会发展研究，1（1）：81-99.

陆杰华，张韵，2018. 健康老龄化背景下中国老年人死亡质量现状及其对策思考[J]. 河北学刊，38（3）：161-165.

陆杰华，1998. 快速的中国人口老龄化进程：挑战与对策[J]. 甘肃社会科学，2007，（6）：12.

陆杰华，李月，郑冰，2017. 中国大陆老年人社会参与和自评健康相互影响关系的实证分析：基于 CLHLS 数据的检验[J]. 人口研究，41（1）：15.

陆杰华，刘芹，2019. 人口发展转向背景下中国人口学研究的重点领域及其展望[J]. 人口学刊，41（3）：5-15.

陆杰华，刘芹，2020. 从理念到实践：国际应对人口老龄化的经验与启示[J]. 中国党政干部论坛，（1）：90-93.

陆杰华，刘芹，2021. 中国老龄社会新形态的特征，影响及其应对策略[J]. 人口与经济（5）：13-24.

陆杰华，孙杨，2024. 中国农村老龄健康：特征、成因与应对方略[J]. 中国农业大学学报（社会科学版），41（2）：49-67.

陆杰华，张宇昕，2023. 中国式现代化进程中人口现代化的理论再思考[J]. 青年探索，（4）：5-14.

罗羽，张慧兰，2018. 国内外死亡教育发展现状分析与展望[J]. 护理管理杂志，18（3）：175-179，184.

马爱玲，马佳琦，2024. 双向代际支持对老年人口再就业的影响：基于中国家庭追踪调查数据的分析 [J]. 内蒙古民族大学学报（哲学社会科学版），50（1）：115-124.

马磊，潘韩霞，2019. 隔代照顾研究：回顾与展望 [J]. 河南社会科学，27（7）：106-111.

孟向京，姜向群，宋健，2004. 北京市流动老年人口特征及成因分析 [J]. 人口研究，28（6）：53-59.

倪晨旭，王震，2022. 互联网使用对老年人社会隔离的影响 [J]. 人口学刊，44（3）：59-72.

潘光旦，1993.《潘光旦文集》第1卷 [M]. 北京：北京大学出版社.

彭希哲，陈倩，2022. 中国银发经济刍议 [J]. 社会保障评论，6（4）：49-66.

彭希哲，周祥，2024. 中国人口发展与老龄化应对 [J]. 新金融，（4）：8-13.

乔晓春，张恺悌，孙陆军，2005. 对中国老年贫困人口的估计 [J]. 人口研究，29（2）：8-15.

乔治·康吉莱姆，2015. 正常与病态 [M]. 西安：西北大学出版社.

尚晓丹，2019. 城乡老年人养老意愿对比研究 [J]. 社会福利（理论版），（7）：53-61.

沈凯俊，周祥，王雪辉，2023. 老年人的家庭禀赋对其居住安排的影响及其机制分析 [J]. 人口与经济，（2）：94-110.

施文凯，董克用，2024. 人口老龄化背景下建设中国特色养老金融体系研究 [J]. 中国高校社会科学，（1）：96-104，159.

石贝贝，杨成钢，候蔺，2024. 隔代照料、成年子女劳动参与和老年生产性 [J]. 西北人口，1-13.

石燕，2008. 以家庭周期理论为基础的"空巢家庭" [J]. 西北人口，29（5）：124-128.

世界卫生组织，2001. ICF 国际功能、残疾和健康分类[EB/OL].2024-07-07 [2024-07-07]. https://iris.who.int/bitstream/handle/10665/42407/

9245545423-chi.pdf？sequence＝906.

宋璐，李亮，李树茁，2013. 照料孙子女对农村老年人认知功能的影响 [J]. 社会学研究，(6)：215-237.

宋月萍，张光赢，彭可余，2024. 中国低龄老年人劳动参与的现状、特征及趋势 [J]. 人口研究，48 (2)：75-89.

苏宗敏，李静，2021. 家庭结构、居住方式与代际联系研究 [J]. 黑龙江人力资源和社会保障，(18)：1-3.

孙鹃娟，张航空，2013. 中国老年人照顾孙子女的状况及影响因素分析 [J]. 人口与经济，(4)：70-77.

孙梦霞，李国平，李建湖，2011. 养老院老年人主观幸福感影响因素的路径分析 [J]. 中国老年学杂志，31 (16)：3140-3143.

孙诗妮，姚峥嵘，2022. 我国老年人口养老居住意愿的影响因素研究 [J]. 南京中医药大学学报社会科学版，23 (2)：108-115.

孙书彦，纪竟垚，黄石松，2022. 中国老年人的代际支持模式及其对养老方式选择的影响 [J]. 西北人口，43 (05)：13-23.

汤亮，2011. 老人婚姻问题研究 [J]. 湖北经济学院学报 (人文社会科学版)，8 (06)：83-84.

陶涛，金光照，郭亚隆，2023. 中国老年家庭空巢化态势与空巢老年群体基本特征 [J]. 人口研究，47 (1)：58-71.

万思齐，彭彦彦，秦波，2024. 中国老年人口省际迁移的时空格局与影响因素：基于人口普查微观数据的分析 [J]. 地理研究，43 (06)：1482-1501.

王甫勤，2012. 社会经济地位，生活方式与健康不平等 [J]. 社会杂志，32 (2)：125-143.

王金水，许琪，方长春，2021. 谁最能从社会参与中受益?：社会参与对老年人精神健康的异质性影响分析 [J]. 人口与发展，27 (4)：121-130.

王金营，李天然，2020. 中国老年失能年龄模式及未来失能人口预测 [J]. 人口学刊，42 (5)：57-72.

王凯，王新红，王松梅，2017. 我国临终关怀的现状与发展前景 [J].

中国医药导报, 14 (27)：181-184.

王黎黎, 王利萍, 2023. 数字鸿沟下我国老龄人力资源开发的困境与出路 [J]. 技术与市场, 30 (12)：151-155.

王菁, 李浩然, 刘慧芳, 2024. 低龄老年人力资源开发再就业的可行性路径分析 [J]. 中国就业, (3)：108-110.

王琼, 刘晨, 侯晓春, 2023. 社会参与类型对老年人认知功能的影响研究 [J]. 中国预防医学杂志, 24 (7)：632-636.

王淑燕, 刘启鹏, 江伟, 2023. 社会经济地位的测量与研究操纵：现状与问题——基于心理学领域的研究 [J]. 心理研究, 16 (1)：12-20.

王树新, 马金, 2002. 人口老龄化过程中的代际关系新走向 [J]. 人口与经济, (4)：15-21.

王跃生, 2016. 中国家庭代际功能关系及其新变动 [J]. 人口研究, 40 (5)：33-49.

韦庆旺, 周雪梅, 俞国良, 2015. 死亡心理：外部防御还是内在成长？[J]. 心理科学进展, 23 (2)：338-348.

邬沧萍, 姜向群, 1996. "健康老龄化"战略刍议 [J]. 中国社会科学, (5)：52-64.

吴帆, 李建民, 2010. 中国人口老龄化和社会转型背景下的社会代际关系 [J]. 学海, (1)：35-41.

夏菱阳, 宣琳琳, 董璐, 2024. 人口老龄化的经济效应研究 [J]. 金融经济, (2)：81-91.

谢立黎, 王飞, 胡康, 2021. 中国老年人社会参与模式及其对社会适应的影响 [J]. 人口研究, 45 (5)：49-63.

谢秋山, 岳婷, 2019. 积极老龄化背景下老年人数字融入的必要性及路径研究 [J]. 当代继续教育, 37 (4)：10-16.

徐勤, 1998. 社会转型中的老年婚姻透视 [J]. 中国社会工作, (3)：44-45.

徐沁, 周红梅, 2010. 积极老龄化视角下的"银发经济"探析 [J]. 重庆邮电大学学报（社会科学版）, 22 (6)：61-64.

徐祯蔚，2021. 第一代独生子女父母的养老意愿及其社会支持研究：以鄂西南城市为例 [J]. 西部学刊，(21)：141-143, 160.

徐征，齐明珠，2003. 代际关系的影响因素及如何建立正向的代际关系 [J]. 人口与经济，(3)：55-60.

许琪，付哲，2023. 群体性孤独：社交媒体使用对孤独感的影响 [J]. 华中科技大学学报（社会科学版），37 (2)：119-129.

颜鹏飞，陈蓉，2018. 中国特色保险业改革的伟大实践：改革开放 40 年回顾与思考 [J]. 财经问题研究，(12)：3-11.

颜青山，2004. 中国传统文化中的死亡定义 [J]. 医学与哲学，(7)：45-46.

杨付英，郝晓宁，薄涛，2016. 我国老年人失能现状及其影响因素分析：基于 CHARLS 数据的实证分析 [J]. 卫生经济研究，(11)：7-10.

杨红，李攀，胡茂荣，2023. 论死亡的认知与接纳 [J]. 医学与哲学，44 (5)：54-58.

杨菊华，李路路，2009. 代际互动与家庭凝聚力：东亚国家和地区比较研究 [J]. 社会学研究，24 (3)：26-53, 243.

杨菊华，2022. 长寿时代与长寿红利 [J]. 山东大学学报（哲学社会科学版），(4)：103-111.

杨菊华，2023. 人口老龄化与中国式现代化的关系 [J]. 中国特色社会主义研究，(3)：14-26, 22.

杨菊华，2024. 人口高质量发展与积极老龄化关系研究 [J]. 江西师范大学学报（哲学社会科学版），57 (2)：3-16.

杨善华，1994. 中国城市家庭变迁中的若干理论问题 [J]. 社会学研究，(3)：78-83.

杨顺良，江哲龙，吕立志，2024. 人体器官捐献中的死亡标准问题 [J]. 器官移植，15 (3)：359-366.

杨伟国，袁可，2024. 推动实现大龄劳动者高质量充分就业路径研究 [J]. 新视野，(2)：42-51.

英洁，宋佳莹，高传胜，2024. 人口老龄化、医疗卫生支出与就业：基于健康人力资本与技术水平的机制分析 [J]. 西北人口, 45 (3): 79-91.

俞可平, 2001. 治理和善治: 一种新的政治分析框架 [J]. 南京社会科学, (9): 40-44.

原温佩, 薛雅卿, 蔡圆, 2021. 老年人多重慢病患病现状及生活自理能力调查 [J]. 现代预防医学, 48 (14): 2590-2593, 2598.

原新, 范文清, 2022. 人口负增长与老龄化交汇时代的形势与应对 [J]. 南开学报 (哲学社会科学版), (6): 1-10.

原新, 徐婧, 金牛, 2024. 再就业对低龄老年人生活满意度的影响: 基于银发消费的中介效应检验 [J]. 西北人口, 45 (4): 1-13.

原新, 2022. 论优化生育政策与促进人口长期均衡发展 [J]. 广州大学学报 (社会科学版), 21 (4): 105-120.

岳林, 张雷, 2011. 我国临终关怀的特点及其发展展望 [J]. 护士进修杂志, 26 (2): 117-119.

张诚, 翁希演, 胡少东, 2024. 人口老龄化如何影响家庭杠杆率 [J]. 中央财经大学学报, (2): 92-105.

张冲, 张丹, 2016. 城市老年人社会活动参与对其健康的影响: 基于CHARLS2011 年数据 [J]. 人口与经济, (5): 55-63.

张丽萍, 王广州, 2022. 中国家庭结构变化及存在问题研究 [J]. 社会发展研究, 9 (2): 17-32, 242.

张淋淋, 崔静, 2013. 社区老年慢性病病人死亡态度与主观幸福感的相关性研究 [J]. 护理研究, 27 (28): 3097-3099.

张鹏辉, 巫国贵, 2024. 全民健身背景下城镇居民自评健康对主观幸福的实证研究: 基于社会经济地位的中介效应 [J]. 福建体育科技, 43 (1): 24-28.

张苏, 朱媛, 2024. 人口老龄化、数字化转型与新质生产力发展 [J]. 北京工商大学学报 (社会科学版), 39 (03): 28-39.

张文娟, 付敏, 2022. 2010—2020 年中国老年人口的健康状况及其变化趋势: 基于人口普查和抽样调查数据的分析 [J]. 中国人口科学, (5): 17-31, 126.

张秀武，赵昕东，2018. 人口年龄结构、人力资本与经济增长 [J]. 宏观经济研究，(4): 5-18.

张翼，2012. 中国家庭的小型化、核心化与老年空巢化 [J]. 中国特色社会主义研究，(6): 87-94.

张翼，2013. 中国老年人口的家庭居住、健康与照料安排：第六次人口普查数据分析 [J]. 江苏社会科学，(1): 57-65.

赵浩华，2024. 嵌入性理论视角下农村互助养老发展困境与破解 [J]. 当代经济研究，(2): 94-104.

郑真真，周云，2019. 中国老年人临终生活质量研究 [J]. 人口与经济，(2): 44-54.

周传辉，刘贤，2024. 经济地位、社会公平感知与主观幸福感 [J]. 商业观察，10 (9): 70-73.

Bezdicek O, Ferreira J, Fellows R, et al., 2023. Activities of daily living and everyday functioning: From normal aging to neurodegenerative diseases [J]. Frontiers in Aging Neuroscience, 15: 1161736.

Bond D S, Evans R K, DeMaria E J, et al., 2004. A conceptual application of health behavior theory in the design and implementation of a successful surgical weight loss program [J]. Obesity surgery, 14 (6): 849-856.

Chen C, Tian Y, Ni L, et al., 2024. The influence of social participation and depressive symptoms on cognition among middle-agedand older adults [J]. Heliyon, 10 (2).

Cohn S, 2014. From health behaviours to health practices: an introduction [J]. From Health Behaviours to Health Practices, 1-6.

Conte H R, Weiner M B, Plutchik R, et al., 1982. Measuring death anxiety: conceptual, psychometric, and factor-analytic aspects [J]. Journal of personality and social psychology, 43 (4): 775.

Diemer M A, Mistry R S, Wadsworth M E, et al., 2013. Best practices in conceptualizing and measuring social class in psychological research [J]. Analyses of Social Issues and Public Policy, 13 (1): 77-113.

Dunlop D D, Manheim L M, Sohn M W, et al., 2002. Incidence of functional limitation in older adults: the impact of gender, race, and chronic conditions [J]. Archives of physical medicine and rehabilitation, 83 (7): 964-971.

Yang J, Niu L, Lu C, et al., 2023. The impact of internet use on health status among older adults in China: the mediating role of social support [J]. Frontiers in Public Health, 11: 1108096.

Emanuel E J, Emanuel L L, 1998. The promise of a good death [J]. The Lancet, 351: SII21-SII29.

Engel G L, 1960. A unified concept of health and disease [J]. Perspectives in biologyand medicine, 3 (4): 459-485.

Fayers P M, Sprangers M A G, 2002. Understanding self-rated health [J]. The Lancet, 359 (9302): 187-188.

Fried L P, 2016. Investing in health to create a third demographic dividend [J]. The Gerontologist, 56 (Suppl_ 2): S167-S177.

Fries J F, Bruce B, Chakravarty E, et al., 2011. Compression of morbidity 1980-2011: a focused review of paradigms and progress [J]. Journal of aging research, (1): 261702.

Georgian B, Lorand B, 2016. The influence of leisure sports activities on social health in adults [J]. SpringerPlus, 5: 1-7.

Geyer S, Eberhard S, 2022. Compression and Expansion of Morbidity: Secular Trends Among Cohorts of the Same Age [J]. Deutsches Ärzteblatt International, 119 (47): 810.

Gesser G, Wong P T P, Reker G T, et al., 1988. Death attitudes across the life-span: The development and validation of the Death Attitude Profile (DAP) [J]. OMEGA-Journal of Death and Dying, 18 (2): 113-128.

Harris D M, Guten S, 1979. Health-protective behavior: An exploratory study [J]. Journal of health and social behavior, 17-29.

Hoebel J, Maske U E, Zeeb H, et al., 2017. Social inequalities and depressive symptoms in adults: the role of objective and subjective socioeconomic status [J]. PloS one, 12 (1): e0169764.

Huber M, Knottnerus J A, Green L, et al., 2011. How should we define health? [J]. Bmj, 343.

Kasl S V, Cobb S, 1966. Health behavior, illness behavior and sick role behavior: I. Health and illness behavior [J]. Archives of Environmental Health: An International Journal 12 (2): 246-266.

Kikuchi H, Inoue S, Fukushima N, et al., 2017. Social participation among older adults not engaged in full-or part-time work is associated with more physical activity and less sedentary time [J]. Geriatrics & Gerontology International, 17 (11): 1921-1927.

Kutner J S, 2010. An 86-year-old woman with cardiac cachexia contemplating the end of her life: review of hospice care[J]. JAMA, 303 (4): 349-356.

Kwok T, Twinn S, Yan E, et al., 2007. The attitudes of Chinese family caregivers of older people with dementia towards life sustaining treatments [J]. Journal of advanced nursing, 58 (3): 256-262.

Larson J S, 1999. The conceptualization of health [J]. Medical care research and review, 56 (2): 123-136.

McDonald J C, Du Manoir J M, Kevork N, et al., 2017. Advance directives inpatients with advanced cancer receiving active treatment: attitudes, prevalence, and barriers [J]. Supportive Care in Cancer, 25: 523-531.

Picher M, 1956. The Ageing of Populations and Its Economic and Social Implications. New York: United Nations, Department of Economic and Social Affairs.

Prince M J, Wu F, Guo Y, et al., 2015. The burden of disease in older people and implications for health policy and practice [J]. The lancet, 385 (9967): 549-562.

Sartorius N, 2006. The meanings of health and its promotion [J]. Croatian medical journal, 47 (4): 662.

Scafato E, Galluzzo L, Gandin C, et al., 2008. Marital and cohabitation status as predictors of mortality: a 10-year follow-up of an Italian elderly cohort

［J］. Social science & medicine, 67（9）：1456-1464.

Stephens N M, Markus H R, Townsend S S M, et al., 2007. Choice as an act of meaning: The case of social class ［J］. Journal of Personality and Social Psychology, 93（5）, 814-830.

United Nations, 2015. World Population Prospects: The 2015 Revision［EB/OL］.2024-07-07［2024-07-07］.https://www.un.org/ht/node/89741.

United Nations, 2022. World Population Prospects 2022: Summary of Results［EB/OL］.2024-07-07［2024-07-07］.https://www.un.org/development/desa/pd/content/World-Population-Prospects-2022.

Wang J, Liang C, Li K, et al., 2020. Impact of internet use on elderly health: empirical study based on Chinese general social survey（CGSS）data ［J］. MDPI, 8（4）：482.

Wilhelmson K, Andersson C, Waern M, et al., 2005. Elderly people′s perspectives on quality of life ［J］. Ageing & Society, 25（4）：585-600.

Williams K, Umberson D, 2004. Marital status, marital transitions, and health: A gendered life course perspective ［J］. Journal of Health and Social behavior, 45（1）：81-98.

World Health Organization, 2015. World report on ageing and health［EB/OL］.2024-07-07［2024-07-07］.https://www.who.int/publications/i/item/9789241565042.

Wu Y, Lei P, Ye R, et al., 2019. Prevalence and risk factors of depression in middle-aged and older adults in urban and rural areas in China: a cross-sectional study ［J］. The Lancet, 394：S53.

Yang G, Wang Y, Zeng Y, et al., 2013. Rapid health transition in China, 1990-2010: findings from the Global Burden of Disease Study 2010 ［J］. The lancet, 381（9882）：1987-2015.

Zhang S, Zhang Y, 2021. Therelationship between internet use and mental health among older adults in China: the mediating role of physical exercise ［J］. Risk Manag Healthc Policy. （14）：4697-4708.

Zhang Z, Li L W, Xu H, et al., 2019. Does widowhood affect cognitive function amongChinese older adults? [J]. SSM-population health, 7: 100329.

Zhou Z, Mao F, Ma J, et al., 2018. A longitudinal analysis of the association between living arrangements and health among older adults in China [J]. Research on Aging, 40 (1): 72-97.